我一點也不糟糕

瞿小栗
著

我們生來就為自己感到驕傲

嚴藝家

心理諮商師，倫敦大學學院（UCL）兒童青少年精神分析
心理治療博士候選人，UCL精神分析發展心理學碩士，
出版心理學譯著及原創心理學作品超百萬字，網路粉絲逾
百萬的心理科普KOL，一個在持續重建自尊的人。

你喜歡自己嗎？

你覺得自己夠好嗎？

你能安然享受讚美與成功嗎？

你可以不仰賴於他人的目光與評價嗎？

如果你對上述這四個問題的回答都是「是」，也許本書對你而言並非「必需」。不過，基於我過去十四年從事心理諮商工作的觀察，以及作為芸芸眾生中一員的體驗，我認為需要本書的人遠遠多於不需要本書的人。

人生來就具備自尊感。從精神分析發展心理學的角度出發，自尊感的確始於人之初的體驗：仔細觀察絕大多數嬰兒，

你會發現他們天生有「為自己驕傲」的能力，比如：

兩三個月的寶寶清晨醒來時會咿咿呀呀地微笑，他們似乎對自己「存在於地球上」這個事實本身就感到極其滿足。

一歲以內的寶寶無論做什麼事情，都會為自己感到驕傲：第一次翻身，第一次爬、坐、站、走，第一次拿湯匙，第一次品嚐某種食物……一個身心發展良好的孩子會在做到這些事情時表現出「得意」的狀態，他可能會在周遭的驚嘆聲中綻放笑容，也可能會在掌握某項技能時迫不及待地邀請他人觀看。

當一歲左右的寶寶在鏡子裡面見到自己，並且開始意識到「那是我」時，他們幾乎不會表現出對自己的挑剔，而是會津津有味地欣賞自己的形象，彷彿面對著一件獨一無二的藝術品。

以上這些在嬰兒的世界裡再尋常不過的狀態倘若能夠平移到成年人的世界中，簡直就是一個自尊感爆棚的狀態。

早上醒來會因為「活著」本身而感到幸福，不會憂慮過去與未來，只是享受當下的美妙。

無論實現了多麼微小的進步，都覺得自己取得了不錯的

成就，既能夠享受來自周遭的稱讚，又能夠專注於自己的目標，不會因為暫時的困難而拒絕進一步發展的可能性。

對自己有天然的好奇與喜歡，不覺得自己有什麼特質需要「被修改」。

奇怪的是，幾乎每一個低自尊或需要重建自尊的人，可能都難以想像有健康自尊的體驗究竟是怎樣的，「自尊」二字似乎帶有「只緣身在此山中」的神秘主義色彩，看不見摸不著。

也有不少人在親密關係、職場學業、人際交往、自我發展等議題上長期面臨各種阻礙與困難，卻從未把那些問題與「自尊」聯繫到一起去思考。相比「憂鬱、焦慮、憤怒、委屈」之類更容易被描述的體驗，自尊與低自尊的含義在心理學科普的傳播語境中卻長期模糊不清。

作者在本書第一部分中用生動平實的語言描繪了缺乏自尊與自愛究竟是怎樣的一種狀態，相信很多讀者可以從中看見自己或他人的身影，把這些內心衝突具象化是在為心智成長拓展出全新的升級空間。值得一提的是，作者用溫情而細

膩的筆觸描繪了一些看似自信、實則低自尊的群體——這類人會讓我想到歐洲神話裡的無足鳥，他們一生的宿命似乎就是飛往更遠的地方，彷彿停歇就意味著死亡。他們看起來走得遠、爬得高，但內在的動力並非熱情，而是「恐懼」。更大的成就給低自尊人群帶來了表面的榮耀，卻無法真正地對自己感到滿意，周圍的掌聲越響亮，他們內在的恐懼與衝突就越強烈，無法享受自己透過努力奮鬥而達到的狀態。這類「隱形低自尊」群體可以在本書中體驗到不少「被溫柔看見」的感覺。

既然是重建，就必然涉及一個追問：「自尊到底是如何在一個人的發展過程中逐漸坍塌的？」本書第二部分詳盡探討了這個議題。結合自己多年穩扎穩打的心理諮商經驗，作者整合了不同文化背景下的心理學及精神分析人格發展理論，提煉出了四個反思「自尊受損」的角度，分別是：童年創傷、自我認同、羞恥感、完美主義。

尤其是書中與「羞恥感」有關的闡述，會讓人一邊閱讀一邊產生內心某個角落突然有束光照射進去的感覺。在一個人心理成長的過程中，羞恥感是最為隱秘的心理絆腳石之一，

這種隱形的疼痛感如果不加觀察與審視，會時刻在無意識層面左右著一個人的言行。作者對於羞恥感的見地是溫暖、深刻與節制的，一如其在心理諮商工作中的風格。

傳統的精神分析理論為理解「為什麼」提供了許多靈感來源，卻很少提及「怎麼做」。所幸作者扎根於精神分析但並不囿於其中。本書第三部分為需要重建自尊的讀者提供了具體的操作建議，這些日常小練習幾乎人人都能做到。除了幫助自己在一次次有意識的覺察與練習中獲得成長之外，這些「怎麼做」也可以幫助讀者去支援周圍有自尊困擾的摯愛親朋。無論家長、老師、社工還是心理諮商師，這部分內容都可以為己所用，去支持到更多不同年齡階段的人實現身心的健康發展。

如果把一個人的心靈世界比作一棟大樓，那麼自尊就如同這棟大樓的地基。地基不穩固，樓就建不高，即使建得高了，也很容易坍塌。成年人無法穿越回童年去改寫心靈地基被毀壞的歷史，但可以透過有意識的覺察來逐步重建脆弱的心靈地基。相信閱讀完本書，大部分讀者也許會和我一樣眼前出現這樣一片意象：我們的「存在」本身如同一棵千姿百態的樹，

而讓自尊重新獲得滋養的體驗，就像是樹根朝著大地扎得更深了一些。

我與作者作為同行及好友相識多年，她的「存在」本身就像是那棵穩穩的大樹，讓包括我在內的不少夥伴們很享受時不時在這棵穩定而繁茂的大樹下憩息的感覺。她對心理諮商工作的熱愛與投入，展現了健康自尊帶給我們的禮物：在日益精進的道路上，原來可以那麼「愉悅」與「自在」。

相比自尊從未破損過的幸運兒，能把自尊重建起來的體驗也是十分寶貴的，失而復得的體驗會帶來更多慈悲與通透，願更多夥伴們能經由本書而實現心靈與外部世界的根深葉茂。

前言 停止責備自己：
我一點也不糟糕

在某次攝影展上，我看到這樣一幅作品：在建築和樹蔭的擁簇下，河水蜿蜒流向遠處，看不到盡頭；河面上無數泅渡的運動員戴著五彩斑斕的泳帽；他們的身後留下一條條波紋，和泳帽一起組成了一個抽象的箭頭符號，共同指向終點。畫面中最顯眼的三個游泳者，恰巧分別戴著紅、綠、黃三色泳帽，在高解析度的畫面上，他們拍打出飛濺的水花，清晰可見。我記得，這幅作品叫《鐵人征程》。

在之後的一段時間裡，這幅畫面會時不時浮現在我眼前。我常常會想：誰又知道水下所發生的一切呢？水面上的奮勇爭先是有目共睹的，大家似乎都在向著目標奮力前進，但是水面之下呢？

會有暗流嗎？會有無名水草的纏繞嗎？會有尖利的石子劃破腳底嗎？

疲憊會讓他們的身體在某一刻無比沉重嗎？當體能達到極限時，他們是否允許自己意志消沉？當被其他人超過時，他們又如何對抗放棄的念頭？

生活長河中的游泳者們呢？有多少人嚮往成為鐵人？有多少人每次揮臂、踏水，不是為了奪標爭勝，而是為了不沉入水底？

我在工作和日常生活中經常聽到一些人這樣評價自己：

「我覺得自己不夠好，我該怎麼辦？」

「我覺得自己很糟糕，我的主管一定也這麼覺得。」

「我覺得自己肯定要搞砸了，那些在我身上寄予希望的人，其實根本不知道我是個什麼貨色！」

「我覺得自己根本做不到，我不知道自己是發了什麼瘋要學這個。」

但實際情況並不像他們描述的那樣不堪。他們身邊的人覺得他們很不錯，他們在求學和工作中通常也取得了不錯的成績，即便有點瑕疵，也是瑕不掩瑜。可是他們依然不斷地批評和責備自己，語氣中充滿了懊惱和煩躁。

他們身上完全沒有那種「我知道自己其實還不錯」的故

作姿態。他們身上清清楚楚地寫著：「我不喜歡自己」、「我討厭自己」，這種感受強烈而真實。

他們常常處在被自己擊潰的邊緣。他們的日常表現很容易讓人誤以為他們對自己有高標準、嚴要求。而在內心深處，他們可能並不認同自己是心中有理想的逐夢者，反而覺得自己只是背後有追兵的逃亡者。做「更好的自己」是競技選手進步的動力，卻是他們脖頸上的鎖套，他們之所以掙扎，只是為了能稍作喘息。雖然這樣說有些極端，但事實大抵如此。

他們之所以在生活的長河中搏浪向前，是因為腳踝被拴上了巨錨。在水面之上，人們以為他們在努力爭勝（或許他們自己也這樣認為），而在水面之下，他們只為了不沉入水底，即便只是稍作停歇，也會感到焦慮不已。他們就在我們身邊，真實地存在著，由於他們的努力多少帶些自我強迫性質，因此我將他們稱為「強迫型奮鬥者」。

與強迫型奮鬥者不同，有些奮鬥者是快樂的、享受的，不管他們是要準備一次公開演講、投入一個新的案子，還是計畫在公司獲得晉升機會，人們在聽到他們眉飛色舞地描述自己的計畫時，很容易激發出心裡的羨慕之情，這些人與我

要說的強迫型奮鬥者看起來沒有太大差別，都把大部分精力和注意力投入在自我發展、自我成長、自我完善、自我實現上。

他們與強迫型奮鬥者的區別是，雖然也焦慮，但是這些焦慮不僅不會淹沒他們，還能激勵他們更積極地努力準備、反覆練習、模擬可能遇到的困難。同時很重要的一點是，他們不羞於向外界尋求幫助和支援。他們可以坦然地在各種關係裡分享自己的目標、任務和期望，請教過來人，遇到障礙時也能相對自在地「放過」自己，暫時停下來休息或充電，等聚集足夠的能量後再重新開始。

即使最後的結果與預期有出入，他們在感到失望、沮喪的時候，也總能看見自己身上的閃光點，認同努力過程中收穫的寶貴經驗，相信自己下一次能夠做得更好。

總而言之，他們都認為自己夠好，值得更好。

而強迫型奮鬥者，他們認為自己並不好，然後在追求更好的路上疲於奔命。

強迫型奮鬥者的壓力感和緊張程度十分強烈，必須消耗大量能量去應對這種高度焦慮帶來的影響。例如，他們經常體驗到「萬事起頭難」，一旦到了計畫開啟任務的時間，就

無法集中注意力，好不容易專注了，又不敢停下，怕下一次再也找不到一開始的感覺，於是「萬事結尾難」，當然還有「萬事過程難」。

總結來說，準備難，開始難，過程難，結束也難（因為要面對來自外界的評價）。如果你告訴他們：「這件事就是很難，很不容易呀」，他們會說：「其實還好，也沒有那麼難，如果我能更努力／有經驗／再多花一些時間……就……了。」言下之意，這件事不算難，主要還是自己不夠好。

《阿甘正傳》曾感動和鼓舞過很多人：阿甘是一個智商偏低的人，你看，即使智商不及普通人，只要夠執著，都可以贏過命運。但我們換一個視角來看，阿甘的內在價值感是在平均水準之上的。

他說：「媽媽總有辦法把事情說清楚，讓我也能聽懂。」

他知道自己和常人有一些差別，但媽媽能讓他聽懂，媽媽向阿甘傳遞的，除了話語本身的意思，一定還有愛。所以，阿甘的內在是充盈的、穩定的，他從不向外界求證自己的好壞，而是堅定地執著於自己的感受。

因為媽媽在阿甘很小的時候就告訴他：「記住我說的話，

福雷斯特，你跟別人沒有兩樣，聽清楚了沒有，福雷斯特，你跟別人一樣，沒有什麼不同。」

　　阿甘的一生在奔跑中向前，跑贏了橄欖球對手，跑贏了戰場的子彈和飛機轟炸，跑贏了命運的安排和悲傷。他說：「我就是喜歡跑步，媽媽告訴我：『要往前走，得先忘掉過去』，我想那就是跑步的用意。」阿甘越跑越快，越跑越堅定，他帶著媽媽的愛跑向世界。

　　阿甘並不傻，反而那些不確定自己內在，卻又想向世界求證的人，才是讓人心疼的傻瓜。

　　當你覺得自己不夠好時，應該努力讓自己更好，還是應該努力接受自己的不夠好，這並不是一個二選一的命題。實際情況是，只有在充分接納自我，尊重自我，愛護自我的基礎上，我們才能有足夠的心理能量和資源去努力讓自己變得更好。

　　要往前走，得先接納過去。

　　多年來，我親身經歷過、也目睹過許多人受苦於飄忽不定、過高或過低的自尊，在外部世界中尋找標準，單一地透過競

15

爭和比較來提升自信心，對他們而言，「我是好的」這種感覺是一種需要不斷更新的稀有資源，一點點的負面回饋和壓力就可以瞬間擊潰他們的自尊。

他們的自尊就像在沙灘上堆出的城堡，偶然一個浪頭打過來，所有努力便化為烏有。

我想像翻開本書的你，大概已經成年了，讀到這裡，或許已經覺察到在過去的漫長歲月裡，正是由於你不相信自己是有價值的，才一直痛苦地掙扎著去「做」許多事情來證明你是好的，是有價值且被愛著的。

儘管你已竭盡所能，無論這些行動的成果如何，可能你內心的「批評者」從未停止對你吹毛求疵，而且這個「批評者」彷彿總是能贏得這場關於「自尊評估會議」的勝利，督促你盡快發起下一個目標：你還不夠好，你應該做得更好……

要怎麼才能擁有自我價值感這根拐杖來幫助我們建立安穩、恰當的自尊呢？在回顧我的臨床經驗和個人體驗的基礎上，我將本書分成三個部分。

第一部分關於自尊與自愛。我認為，愛自己是成為更好的自己的前提。當我們無法接納、愛惜自己時，是無法從內部世界獲得快樂和動力，進而去探索外部世界的。我們可能會陷入一個奇怪的地步，以為可以透過做事情及將事情做好來提高自尊，追尋「更好的自己」，但這往往會讓內心更加匱乏。

第二部分關於為什麼有些人覺得自己活得很糟糕。我會透過幾個故事＊來探討在我們的發展過程中，低自尊和低自我價值感形成的原因，諸如童年經歷、自我認同（身分認同）、羞恥感、理想自我（完美主義）是怎樣與我們內在的自我價值感鑲嵌在一起、彼此影響的。

第三部分關於如何重建自尊。我們如何從內部點燃自我價值，練習以開放、接納、專注的形式重建自尊，愛護自己、相信自己，讓自己變得更完整，而不是陷入片面的追求。

我始終認為，自我價值感是我們的精神盔甲，它是穩定、恰當的自尊的基礎，使我們即使跌至谷底，也能積蓄力量重

新再來，它保護我們安全、快樂、勇敢地向外追求，它確保
我們重視自己——作為完整、美好的人，我們生來值得被愛
和尊重。

本書中的案例和故事，全部是作者基於其工作經驗及個人
成長體驗改編而來，不涉及來訪者個人隱私的洩露。

我的糟糕指數

在閱讀本書正文之前，我建議你先做做下面的小測驗，這 8 個問題可以幫助你初步評估自己的自我價值感和自尊。

- [ ] 寫出你認為自己具有的 10 個優點和 10 個缺點，看看在寫這兩個部分時你的感覺和速度是否有所不同？
- [ ] 回想在你的就學、工作和生活中，你是否傾向於為自己設定不那麼切合實際的期望或目標？
- [ ] 你是否認同自己是一個完美主義者？
- [ ] 當要進行一項全新的探索性工作時，你是否會由於害怕犯錯而不知該如何是好？
- [ ] 你是否感到自己過度關注自我形象，並且風格搖擺不定，經常讓自己和他人感到意外？
- [ ] 你是否總是將自己與他人進行比較，並且總是感到自己低人一等？
- [ ] 你是否感到心裡總有一個在審視、批評自己的聲音，對自己做出的行為難以滿意？
- [ ] 你是否不確定自己值得被他人愛和關懷？

如果有超過一半的問題你回答「是」的話，那麼你或多或少在日常生活裡體驗到了「我不夠好」的感覺，特別是在要去完成那些看似能提升自己能力的任務時，這種感覺會更強烈，甚至妨礙你順利完成任務。

　　閱讀完本書後，你會對自己有更深入的瞭解，並且會想明白一些過去困擾你的問題，還能從中獲得一些方法，來支持和幫助自己。

Part 1

愛自己是
成為更好的自己
的前提

「相信自己。」

這句話是我們在書籍、電視節目、超級英雄漫畫，以及神話傳說中不斷遇到的資訊。我們被告知，如果我們相信自己，我們可以完成任何事情。

當然，我們知道那是不真實的，我們不能僅透過信念來完成世界上的所有事情——如果那是真實的，那麼會有更多的孩子在天空中翱翔！

然而，我們也知道，相信自己並接受自己本來的樣子是自我實現、獲得良好人際關係和幸福生活的核心，而恰當的自尊在幫助我們過著幸福的生活方面扮演著重要的角色。這兩者的結合會讓我們相信自己的能力和執行力，最終在我們以積極的態度努力成為「更好的自己」時獲得成就感。

1

我們天生渴望
成為更好的自己

「追求」是一種本能

　　「更好的自己」包含了我們對於理想自我形象的一種期待。同時，也包含了我們作為人類的一種渴望發展和成長的天性。換言之，對於現狀的不滿意，驅動我們想讓它變得更好，這種願望是人類生存、繁衍、發展的動力。

　　從這個意義上說，我們都渴望成為「更好的自己」，無

論是為了一份新的工作、一段更有意義的關係，還是為了個人的成長而努力，我們都在積極地追求成為「更好的自己」。

事實上，神經科學表明，獲得滿足的關鍵是追求「更好、更多」的行為本身，而不是我們渴望實現的那些目標。

神經科學家賈克・潘克賽普（Jaak Panksepp）認為，在人類大腦的七個核心本能中：狂怒／憤怒（rage ／ anger）、恐懼（fear）、恐慌／悲傷（panic ／ sadness）、關懷（care）、欲望（lust）、遊戲（play）和追求（seeking），追求是最重要的本能。

潘克賽普說，所有哺乳動物都有這種追求系統，這主要是多巴胺的功勞。多巴胺是一種我們越來越熟悉的、與獎勵和快樂有關的神經傳導物質，它參與了我們的追求活動。這意味著，我們在探索周圍環境和尋求新的生存資訊時會得到獎勵，例如感到快樂和滿足。

在《情感神經科學》（*Affective Neuroscience*）一書中，潘克賽普認為，人們不是被任何其他獎勵所驅動，而是被追求本身所激勵。

潘克賽普強調，那些我們所追求的目標本身，例如贏得大獎、創業成功，實際上不會為我們帶來長久的幸福感，而是我們在追求這些目標的過程中所付出的努力，帶給我們更持久的滿足感。

　　這也意味著，無論從活下來還是活得滿意的角度來看，我們生來渴望並追求成為「更好的自己」，這種追求本身很可能就是最重要的人生目的。

「更好」建立在「好」的基礎上

有些人在追求成為「更好的自己」的過程中是快樂而自在的，如前文所說，他們從努力的過程中獲得了持久的滿足感，伴隨滿足感而來的自我成就感為他們提供了源源不斷的動力，即使過程中遇到挫折或失敗，也能從容接受，甚至越挫越勇。

另外一些人卻在自我實現之路上疲憊不堪地艱難跋涉，他們在追求「更好的自己」的道路上呈現出另一種狀態。追求「更好的自己」似乎是為了擺脫「我不夠好」，甚至是「我很糟糕」、「我很可恥」的標籤。

這些人咬緊牙關、死拚硬扛，彷彿只有成功實現目標，才能證明自己的存在是有價值的，稍有不慎，例如，當事情做得不夠完美時，他們的自尊就好像隨時要墜入深淵。

事實上，如果我們對自己非常不滿意，就會妨礙自己去完善自己，因為對自己非常不滿意味著我們無法跟此刻、真實的自己建立聯結，無法從接納自己、信任自己的體驗中生

發出渴望成長的動力和心理資源。

　　例如，主管交代給你一項任務，你認為這是一個很好的機會，你很希望順利完成任務、向主管證明自己的才能。但由於你擔心自己可能做不好、甚至可能會搞砸，那麼，你很可能會持續陷入自我懷疑的「內耗」中，難以集中注意力思考任務本身。你會不斷拖延，接下來的每個行動，都會有無數個內在的聲音在說「這太差勁了」，你不得不頻頻推翻自己的創意，重新再來。

　　最後，你疲憊不堪，忍不住懷疑主管是否在為難你……

　　最終結果可能是，即使項目完成得不錯，你也只是鬆了口氣，慶幸自己總算是完成了。你在這個過程中一點也不快樂，唯有「劫後餘生」的倦怠。

　　沒有內在「好」的地基，很多表面上努力獲得的「更好」不是為了真正去創造，只是在避免受傷和失敗。

當真實與「更好」產生割裂

根據約翰‧鮑比（John Bowlby）和唐納德‧溫尼科特（Donald Winnicott）等心理學家的說法，孩子們非常瞭解父母的感受和需求。他們很清楚自己需要得到父母的認可才能生存，因此會努力並盡可能地滿足父母的需求。

如果父母只關注自己的需求，而忽視了孩子的感受，孩子的「真我」（true self）──真實感受、需求、欲望和想法──會被越來越深地隱藏起來，就像被包裹進了洋蔥裡（當然，在洋蔥的內核裡，仍然保留著所有這些自發的感受、需求、欲望和想法），在更多時候，具有適應性功能的「假我」（false self）佔據了主導地位。

努力尋求父母認可而採取適當行為的模式在我們還是孩子的時候是必要的。我們在童年時期發展出來的與「假我」緊緊相連的思想和行為模式在成年後會一直伴隨著我們。雖然它們過去很有幫助，但隨著年齡的增長，在我們需要成長、需要獲得更多的獨立性時，過去的部分行為模式有可能會成

為障礙。

如果假我能與真我整合起來，建立健康的合作關係，那麼，假我能幫助我們發展各種功能，允許我們透過主動的努力過著幸福滿意的生活，並且它還保護著真我（真實的自己），確保我們可以在那些讓我們感到安全、可信賴的關係裡展露更多，體驗親密。

在日常生活中，讓真實的自己完全做主可能對我們是有害的。例如，我們通常不會在工作場合表露最真實的感受和想法，這種自我暴露很可能意味著我們缺乏必要的界線感，而且還可能容易受到其他人的潛在攻擊，因為他們可能不會接受我們的感受。

因此，健康的「假我」也叫作「理想化自我」，它可以在我們脆弱甚至遭遇危險的時候保護自己。相反，不健康的「假我」是指我們強迫自己服從外部世界的規則，而不是因渴望融入群體及獲得歸屬感而去適應社會。

當我們誤把「假我／理想化自我」和「真我」完全割裂開來，並且以為「理想化自我」代表了「更好的自己」時，

就會造成一種普遍困境，那就是：「我應該」和「我必須」的信念凌駕於「我想要」和「我願意」之上。

如果「更好」比「真實」重要，自尊的城堡就缺少了地基，因為不管你獲得了多少現實的成就，只要這些不與你的真實感受和欲望聯繫在一起，就很難為你帶來充實感，甚至會使你越「努力」越焦慮。

追求「更好」的原動力在哪兒

史丹佛大學的企業管理教授詹姆‧柯林斯（Jim Collins）曾在《基業長青》（Built To Last: Successful Habits of Visionary Companies）一書中寫道：「追求進步的驅動力源自人類的一種深沉的衝動，一種探索、創造、發現、成功、改變和改善的衝動。追求進步的驅動力不是枯燥的理性認識，而是深入內心、具強迫性、幾乎與生俱來的原動力。」

既然我們天生擁有學習與成長的原動力，為什麼追求成為「更好的自己」的過程卻令一些人不堪重負呢？到底是什麼奪走了他們本應在自我成長中獲得的樂趣？

心理學中有個理論叫「自我決定理論」（self-determination theory, SDT），認為人類天生擁有獨立、自主、尋求歸屬感的內在動機。當此動機被滿足時，就能感受到更多的成就感，生活得更充實。

舉個例子，明浩十分愛讀書。父母發現了這一點，並認為讀書是個好習慣，想鼓勵他繼續這個愛好。於是，每當明

浩閱讀了三十分鐘時，他們就會給他一些零用錢當作獎勵，並且誇他是個「好孩子」。根據自我決定理論，來自父母的外在良好意願可能會強化明浩的閱讀行為，但實際上削弱了他的閱讀願望。

為什麼呢？因為當父母的願望超過了明浩自己的願望時，明浩心裡可能會產生疑惑：愛讀書這件事到底是出於自己的意願，還是由於父母的金錢獎勵和他們的期待。

雖然明浩本可以在父母的金錢獎勵下繼續閱讀，但他不會感到自由。因為在這種情況下，他的自主需要沒有得到滿足，父母忽視了他原本就喜歡讀書且會自發讀書這個事實，他們企圖用自己的力量「改造」他，這使明浩的自主需要受到了抑制。而一個人的自主需要被尊重是他的「真實的渴望」（真我）獲得發展的前提，只有自主需要得到滿足，他才會擁有「我是真實存在的」這種感覺。

假如某天明浩因為疲憊沒有讀書，不僅沒有得到父母的獎勵，還被責備和質疑了，他可能會體驗到，光是自然而然地愛讀書還不夠，還不能得到來自父母（外在重要他人）的認可和讚賞，他需要更努力，需要變得「更好」。

慢慢地，明浩內在的愛讀書的「真實渴望」逐漸失去了活力與生命力，取而代之的則是盡可能按照父母的願望去塑造和強化自己的行為，以此保證和鞏固父母對自己的「好」評價和愛，同時，他會感到緊張和壓力，感到真實的自己一點一點被封鎖起來。

按照自我決定理論的觀點，在特定條件下，正向的回饋可以增強一個人的自信，並幫助他產生更強烈的內在動機。然而，僅有正向的回饋還不夠。這種正向回饋還必須讓人感到是純粹的（而非控制的），而且，它絕不能取代我們身為一個人的自主感（真實的渴望）。這種自主感和一個人的內在價值感有著緊密的聯繫。

回到明浩的故事。如果明浩的父母僅僅是因為他對閱讀感興趣而表達對他的欣賞，並且他感到這種欣賞是純粹的、非控制的，他就會形成一種內在自信。

「純粹」之所以重要，是因為它讓明浩相信，他得到了來自父母的關注、認可和情感支持，而且，父母的欣賞是以保持他個體自主性的方式來呈現的（例如你是一個很會閱讀的孩子），而不是讓他感受到了有條件誇獎的控制（例如你是

一個很會閱讀的孩子，像我們希望你成為的那樣）。從某種意義上來說，明浩得到的欣賞是無條件的，它並不會引發明浩的恐懼：如果他明天不讀書，就得不到父母的欣賞了。

這種無條件的關愛，讓一個人體驗到與他人的情感聯結，這種體驗能夠培養人們的內在渴望及內在動機。

換句話說，在自我成長的過程中，追求「更好」如果引發了我們強烈的焦慮感，就難以轉化為動力。「真實」和「更好」這兩個層面需要統一、整合起來，真實本身就是好的，並不需要區分好壞，只有真實的渴望、與生俱來的天性被允許進入成年人的世界，我們才能夠啟動原動力，讓主動學習、成長、創造更美好世界的動力綻放於世。

在成為「更好的自己」的道路上，我們同時也在做「真實的自己」，我們對自己的表揚、讚賞和認可是純粹的、整合的。簡單來說，我們愛真實的自己，也愛追求成為「更好的自己」的過程。

如果一個人無法
愛自己，
努力將事倍功半

當被糟糕的感受淹沒時，
不要急於行動

　　一個人愛自己，欣賞自己，才會願意做自己。

　　做真實的自己，就要聽從自己內心的聲音（內在動機），
進而生發出成長的原動力。

　　假如一個人沒辦法愛自己，或者更準確地說，沒辦法愛

完整的自己——真實的自己和「更好的自己」彷彿永遠處於矛盾的兩端，完全不一致。這意味著，他的內在總是認為「真實的自己＝糟糕的自己」，「更好的自己＝無法實現的自己」。那麼，他很難透過努力獲得恰當的自尊，或者說，他的努力常常「事倍功半」。

如前文所述，我們生來就渴望成為「更好的自己」。這種渴望首先包含對現在的自己滿意，其次包含對現在的自己不滿意，這兩者之間的張力，構成了我們的動力。然而，當我們對自己非常不滿意時，也就是自我價值感過低時，我們就很容易被糟糕的感受淹沒。**這時，我們往往發現自己處在一個非常糟糕的狀態裡，我們首先要處理的不再是成為「更好的自己」，而是當下的這種糟糕狀態——低自尊。**因為此刻的，已經被不滿意的巨浪淹沒，如果不能擺脫這種狀態，我們很難發展出「游向彼岸」的能力。

其實，在情緒裡掙扎的體驗，和學游泳很相似。一個人要學會游泳，就要與水相處。如果他只是體驗到「我很害怕，我快要被淹死了」，那將永遠被這樣的恐懼支配，無法學會游泳。

一個具有良好自尊的人，同樣會有自我懷疑的時候，但他清楚地知道自己可以有多種情緒狀態，**某件事做不好不代表他沒有價值，**而一個自尊較脆弱的人或不知道怎麼管理情緒的人，可能在遭受挫折的時候會更偏向描述「我很難受」、「我受不了了」、「我好煩，有沒有什麼東西能讓我不煩」，這說明，他的情緒已經強烈到使其被淹沒其中。當一個人處於這樣的狀態時，他的焦慮值會非常高，就像熱鍋上的螞蟻一樣，停不下來。

在這樣的內在狀態下，他可能會透過行動讓自己快速從情緒中抽離，如讀書、背單字、做報告、寫題庫，似乎所有的外在行動都是在積極地幫助他成為「更好的自己」。但實際上，他的內在狀態和這些行為之間是斷裂的。他的內在狀態處在非常高的焦慮和壓力的挾持下，他希望透過一些行動來驅散、轉移和緩解這種劇烈的痛苦感和焦慮感，進而消除對自身的厭惡感。但這些行為本身並不能達到提升自我滿意度的目的，緩解情緒的效果一般也不會理想。

這種高度的焦慮和極度的內外不協調，會大大影響一個人的認知功能，使其難以學到新的知識。

在認知功能中，有一項非常核心的能力叫作工作記憶（working memory），它是各種高級認知活動（如語言、決策、問題解決等）必需的操作空間。我們學語言、做出重大決定、解決各種問題，都需要使用工作記憶來完成。許多研究表明，當面臨過於強烈的壓力時，認知功能會受損，認知的靈活性可能會急劇下降，記憶提取也十分困難，甚至會妨礙記憶的生成，因為我們調用了大量的內在資源處理所面臨的巨大壓力。

這就是為什麼當我們對自己非常不滿意（自我感受糟糕）時，越努力，越無法實現目標。

我想到我的一位老師曾說過的一句話：你要慢慢地去體驗和到達一種不抱任何期待的追求和沒有任何所求的努力。其實，這是一種很微妙的狀態，就像我們都知道，不管做什麼運動，教練在一開始時都會訓練我們增強核心軀幹的力量。核心軀幹的力量越穩定，我們的四肢就越能做那些跑跳、伸展、旋轉等複雜的組合動作。心理層面也是如此：內在越穩定，外在行為就越能實現更多可能性。

對自己不滿意的情緒在很多時候妨礙了我們欣賞、認可、

同情自己，也就是愛自己。這使得我們很容易產生糟糕的感受，並企圖透過行動來證明自己，而這又常常使我們更慌亂、難以集中注意力，導致內耗和沮喪，事倍功半。因此，在被糟糕的感受淹沒時，不要急於行動。越是在你缺乏信心的領域，越要給予自己耐心、認可和寬恕。

身為平凡人，我們不可能是完美的，所以生活中的痛苦和失敗是再正常不過的事情。正如心理學家克莉絲汀・聶夫（Kristin Neff）所說：「它們既不能定義我們是誰，也不能確定我們有什麼樣的價值。」

你有低自尊的特質嗎

　　擁有健康自尊的人對自己通常充滿信心，即使面對失敗，也不會長時間陷入氣餒和沮喪的狀態，他們不會因為自己某件事做不好而全盤否定自己，而是會尋求其他途徑繼續向前。而低自尊的人則容易體驗到這樣的感受：我不行、我太差了、我不配等，假如你發現自己很容易體會到上述感覺，那麼你需要觀察和檢測一下自己的自尊值。

　　低自尊者有哪些共同特質呢？

❶ 自我壓抑和自我懷疑。

　　低自尊者心裡有很多好奇和疑問，「為什麼這個人會說這樣的話」、「為什麼那個人那樣回應我」，但羞於啟齒或不敢表達。他們擔心「我這樣問是不是不太好」、「我那樣說會不會讓對方生氣」之類的問題，他們準備好了一堆框架約束自己，總是向外尋找「標準答案」：在這裡，我能做什麼，不能做什麼。他們的雷達永遠在探測什麼是對的，什麼是錯的。他們心裡可能有很多奇妙的主意，但因害怕犯錯，招來批評和質疑，因此

按兵不動，保持沉默，儘管他們的想法可能是非常有價值的，但旁人只是覺得這類人很安靜，不知道他們在想什麼。

❷ 自我價值感忽高忽低，很難穩定在恰當的範圍。

例如，你今天早上去公司坐電梯時遇到主管，他向你微笑點頭，你頓時感到一陣激動，認為主管對你笑是因為你的工作做得不錯，因此你在接下來的兩個小時裡幹勁十足。下午，你向主管和同事提交一份報告，主管當眾提出一個疑問，「你可不可以說明一下，你這樣設計的考慮是什麼？」你心裡一慌，「完了完了！主管肯定是不喜歡我這個想法，不滿意，所以才提出質疑……」你的感受跌入谷底。

報告會結束後，你開始在腦海裡細細回想會議上的每個細節，主管的每個表情，講話時的聲調，來確認自己是不是再也得不到被重用的機會，你甚至還會失眠，一下子覺得自己懷才不遇，一下子覺得自己是個笨蛋、可憐蟲。這就是自我價值感忽高忽低的表現。

❸ 覺得自己的某些特質（喜好、願望等）是應該被隱藏的。

低自尊者並非在現實生活中真的發展得不好，他們很可

能從小就是資優生，考上了知名大學，工作後也是公司裡的佼佼者，常常受到主管重用，是在各方面都做得很好的優秀人才。但他們內心始終覺得所做的事情都是為了滿足父母、老師、主管、伴侶、孩子等人的期待。

雖然可能獲得了很多成就，但心裡總是會感到憤怒，總感覺自己的一些願望是不被允許、不被承認或理解的。例如，這類人可能不會告訴別人他們喜歡打遊戲，但會偷偷打遊戲。他們會覺得打遊戲是不上進的表現，而自己的那些「上不了檯面的」快樂很庸俗，好像不符合他們的身分，但是又真的會從打遊戲中獲得快樂。

所以他們內在的衝突非常大，雖然做了很多符合社會主流價值觀的事，但內心會覺得真實的自己（一些非常個人化、隱秘的快樂）是拿不出手的，他們會非常羞於表達真實的自己。

④ 難以拒絕和設定界限。

他們會對「不努力」這件事有一種超乎尋常的恐懼和擔憂。例如，即使是休假，他們也無法不回覆郵件。他們可能會覺得因為休假就不處理工作是給同事添了很大的麻煩，並

因此感到內疚。同時，他們心裡又會有些委屈，也會覺得在休假時處理工作很辛苦。

這種心理狀態通常包含兩種成分。首先，他們心裡有一種「不配感」，認為自己怎麼可以完全得到滿足？其次，他們不允許自己真的「停下來」休息，對他們來說，休息好像不是一個暫停，而是一種放縱和墮落。

他們對於自我照顧有一種內疚感和羞恥感，覺得自己不應該得到滿足、也不可以肆意高興。他們這麼累，又不能讓自己全然地放鬆和休息，反而像陀螺一樣不停地旋轉，最後他們很有可能會突然精神崩潰，或生一場大病，不得不停下來。

5 總擔心生活會「失控」。

「生年不滿百，常懷千歲憂」可能就是他們的某種寫照。

即使在現實中發展得不錯，也會有隱隱的擔憂，覺得自己不能有一絲一毫的差錯，需要小心防範，時刻不能鬆懈。他們很擔心如果在某件小事上做得不好，就暴露了自己的愚蠢或糟糕狀態，為了避免「失敗」，他們甚至會「什麼都不做」，或者毀掉近在咫尺的成功機會，因為成功會讓他們更加擔心下一次失敗。

被表揚時，他們也會感到開心，但開心的感覺通常轉瞬即逝，隨後就會陷入下一次憂慮中：「我該怎麼辦，他們又沒有看到真實的、很醜陋的自己，我又一次蒙混過關了」。他們在被表揚時並沒有覺得自己做得好，只是覺得自己蒙混過關了，並且認為別人並不是真的欣賞他們，只是沒有看到他們一些見不得光的、很糟糕的部分。有一個詞叫作「冒牌者症候群」（imposter syndrome）就是在形容這一類人，他們得到的客觀評價往往很優秀，但他們心裡始終覺得「你搞錯了，你只是沒有看到我的真面目」。

這類人很難從成功中獲得滋養和愉悅感，並因此獲得更大的動力。

❻ 有一種「幸福焦慮感」。

當他們獲得幸福時，內心中「好景不長」的潛在信念會被喚起。這種信念的背後是他們不相信自己有應對生活中各種突發狀況的能力。即便發生了一些能讓他們確認「我值得」的時刻，他們也常常感到不知所措，或者將其歸因於運氣，而當他們面臨困境時，他們卻將問題歸咎於自己。

有「幸福焦慮感」的人比普通人更容易感到「我不能」

或「我不行」，這通常源於這類人在成長過程中頻繁聽到父母對他們說「你不能」、「你不行」，進而使他們在心裡把這些聲音（可能是帶有偏見且非現實的）當作個人信念，來限制他們獲得幸福的嘗試和行動。

如果你感到自己有以上特徵，說明你很有可能正在面臨低自尊的困擾，並且這已經影響了你日常生活的方方面面，讓你難以享受現在的生活。

在成為「更好的自己」之前，或許，你應該去探索，如何建立「我夠好」的地基，以及你需要從哪些方面入手？

「我夠好」背後的特質

低自尊的人並非他們想像中那麼糟糕和失敗，他們與常人沒有太大差別，他們欠缺的僅僅是一些內在自我價值感。困難也恰恰在於自我價值感的建立和修復。從「我不配」到「我夠好」，這個過程包含著一條蜿蜒曲折的向外求索和向內求索並行不悖的心靈之路。

你可能會好奇，認為「我夠好」的人有哪些表現？這不是一個有唯一答案的問題，但我們可以探索一下他們的普遍特質。

❶「好」與「壞」的整合。

這類人能夠整合對自己好的感受和壞的感受，如前文所述，他們有時會覺得自己非常好、非常棒，有時也會感到「我今天狀態不太好，不是很想讀書，只想躺在床上」，但他們的這兩種狀態是可以並存的。

當他們覺得自己狀態很好的時候，他們不會忘記自己也有心情低落的時候。在低落消沉的時候，也總是能夠自我安慰，

「我耐心等待一段時間，休息一下，情緒能量自然就會恢復」，他們允許自己倦怠，會在感到累的時候讓自己休息。他們會有這樣一種信念：無論自己的成就或能力如何，自己都值得被愛和尊重。因此，他們願意耐心等待自己的狀態慢慢變好，也知道怎樣自我關愛。

❷「滿足社會期待」與「自我認同」的整合。

當這類人朝向重要他人或社會主流價值觀期待的方向努力時，同時也能夠感到自己的願望被滿足。

他們並不會覺得自己做的事僅僅是為了討好他人，也不會為了迴避衝突而放棄「做自己」。他們能夠體驗和意識到，他們做的事情既包含自己渴望得到的部分，也包含滿足社會期待的部分，他們能夠把自己內在的願望和外界對他們的期待結合起來，而非將順從他人和滿足自己完全割裂開。他們能夠區分哪些個性和願望是自己的，哪些是為了保護自己而採取的偽裝。他們既能夠從自己的內在獲取動力和資源，也能夠從重要他人或外部環境中獲得支持。

❸ 享受自己的成功。

當這類人獲得了一些榮譽時，能夠相對坦然和自在地接受其他人對自己的祝賀、羨慕和表揚，而非感到不舒服或焦慮。同樣是穿了一件新衣服被同事誇讚好看，低自尊者的第一反應可能是「沒有、沒有」，即刻想要否認這種好的感覺。然而，覺得「我夠好」的人，往往在被讚美時會很開心，他們可能會說「謝謝你，我也覺得很好看」。他們允許自己快樂，能夠以一種歡迎的姿態擁抱好的體驗，這使他們能夠從好的自我狀態中獲得能量。同時，他們內心清楚地知道自己也有大家沒那麼瞭解的部分，但不會覺得這些是見不得人的秘密，也不會因此有強烈的羞恥感。

❹ 允許失敗，敢於探索。

這類人敢探索和嘗試，對於新鮮事物，願意冒險、嘗試。當然，這種冒險建立在審慎評估和有適當心理準備的基礎之上，這類人冒險但不魯莽，而且很有創造力，總是會有很多奇思妙想。他們敢說、敢想、敢做，也能夠從嘗試中累積經驗。面對多次嘗試可能導致的失敗、挫折、困難或突發狀況，能很快從這些意外狀況或不順遂的情況中脫離出來，總結經驗，

汲取教訓，然後重新出發。

　　如果一個人具有上述特質，換言之，如果一個人能夠有一些對自我確定的、基本良好的感覺，那麼他的內耗就會比較少。需要注意的是，當你開始覺得「我夠好」時，這並不意味著沒有內耗，因為我們想成為「更好的自己」，過程一定會很辛苦，這可能意味著你為了上國外的線上課程而作息顛倒，意味著別人在看電影或打遊戲的時候，你需要多花一些時間去學習。但辛苦的同時，你又會感到自己的付出是值得的，雖然辛苦，但很快樂。

　　我們都想成為「更好的自己」，但在努力前，你需要區分自己正在哪條賽道上努力，是在「我越做越開心，我越開心越想做」這條賽道上努力，還是在「我不開心，但我必須得做，我希望做了以後能讓我的『不好』消失」這條賽道上努力。

　　如果你正處在第二條賽道，你很可能已經從自己的體驗裡得出這樣的答案：「這條路是行不通的」、「不管我怎麼努力，我都無法讓自己感覺好」。此時，你不妨放慢腳步，

先想一想：你是如何成為現在的自己的？

為什麼有些人
覺得
自己活得很糟糕

如果你從照顧者那裡得到了無條件的愛，有過關注、認可、情感支持等基本需求的滿足，如果愛你的人同時也尊重你的界線，那麼，這些都可以幫助你獲得自信，並且讓你在內心世界形成安全感、讓你相信自己的體驗。

相反地，如果你在早年的成長過程裡，不幸經歷了被忽視和不被尊重的關係，沒能得到親人的情感支援，或者只有在特定條件下才能得到愛和讚賞，你就很容易在人際關係裡感到不安全，缺乏追求目標或夢想的動力，不自覺地迴避更大的挑戰，不敢為自己辯護和發聲，更羞於向外界求助。

在第二部分，我想和你一起回顧：過往的經歷如何影響了我們的自我價值感和自尊，畢竟，瞭解自己是做出改變的第一步。

3

童年創傷——
經歷
如何使你害怕成長

瞭解你的人生腳本

很多心理學流派都認同這樣一個觀點：一個人的童年經歷會影響他的第一個「人生腳本」。

尤其是那些讓人感到強烈痛苦的經歷，如心愛的玩具被媽媽送給了弟弟妹妹，這些經歷在成年人看來也許微不足道，

但會讓一個孩子很難接受。而這些令人印象深刻的體驗都將被刻寫在他們記憶的最深處，成為他們的人生腳本中無法磨滅的橋段。

在心理學中，我們將這樣的人生腳本稱為「內隱記憶」或「程序記憶」。

人生腳本就好比電腦的「底層代碼」，不易被察覺，但會一直存在。

「程序記憶」會重複出現在人際關係中——在不知不覺中影響我們待人接物的方式，甚至在一些重要關頭左右人生的走向。

金庸在《雪山飛狐》中寫苗人鳳每次舞劍時都會先聳背。這是因為苗人鳳在少年練劍時被蟲子叮咬，但不敢伸手撓而留下的習慣，這背後的成因來自他對父親責打的恐懼記憶。**這種「程序記憶」一旦形成，就會在人們之後的生活中不斷重複並鞏固，成為自動化的反應模式。**

接下來，我會與你分享一些故事，這些主角在過往的經歷中形成了不同的人生腳本。在閱讀過程中，你不妨思考一下你的人生腳本是什麼？

不敢犯錯的孩子失去了好奇心

愛因斯坦曾說過：我沒有特別的天賦，只是有一顆狂熱的好奇心而已。這並不是偉人的謙虛，而是太多人低估了好奇心的價值。

準確地說，好奇心並不是一種性格特質，而是一種能力，有一個更專業的說法稱之為：認知需求。相比於毅力、樂觀等特質，保持旺盛的認知需求才是獲得成長的最大驅動力。

英國作家伊恩‧萊斯里（Ian Leslie）在《重拾好奇心》（*Curious : The Desire to Know and Why Your Future Depends on It*）一書中詳細敘述了人類學者對黑猩猩的研究過程。他們發現，儘管天才黑猩猩坎吉能夠熟練掌握兩百多個單字，擁有人類兩歲半兒童的語言能力，但牠對周圍和自身卻沒有好奇心。這裡必須強調的是，我所說的「好奇心」，並不是指像貓咪那樣對陌生事物的簡單「好奇」，而是指有著更高認知需求的、對「為什麼」、「怎麼會」、「我是誰」等問題進行探索的「好奇」，而這恰恰是人類所獨有的。

相信很多人都有這樣的印象：三到六歲的兒童對新鮮事物充滿了好奇，喜歡擺弄和摸索，甚至忍不住興奮地大喊大叫、手舞足蹈。這是這個年齡層兒童的特質。然而，我們也會發現，隨著年齡的增長，一些人依然保留著對自己和對世界的好奇心，另一些人卻不再願意探索新事物，變得越來越謹慎，甚至膽怯、退縮。如果你仔細觀察就會發現，這些人在遭遇了一些挫折或不盡如人意的嘗試後，就會選擇放棄，雖然他們並不喜歡這樣的自己，但卻無法鼓起面對挑戰的勇氣。

案例 | **約翰**

　　約翰第一次進入諮商室的時候，看起來異常拘謹和緊張。他不時用眼神望向我，像在等待我的指示或者對他「發號施令」。

　　約翰希望透過心理諮商幫助他開始一段真正的親密關係，在過去的三十幾年裡，他從來沒有進入過一段戀愛關係。在我們的會談中，他不斷地重複「我不知道要說什麼了」。

　　假如我對他講述的任何細節感到好奇並試圖確認，他會立刻變得警惕起來：

「其他人難道不是這樣嗎？」

我感到前所未有的壓力，即使是最溫和的好奇或確認都讓約翰覺得我在「批評、指責、審判」他，他認定這是因為他「犯了錯」，否則我不會對他感興趣。

我開始好奇童年時的約翰生活在一個怎樣苛刻、嚴厲的環境裡。

有一次，約翰進入諮商室後看起來異常焦慮，我忍不住問他發生了什麼。他沉默了一會兒告訴我，在使用洗手間的過程中，他不小心撞到了黏貼在牆壁上的紙巾架，他驚恐地發現他黏不回去了。他看起來很無力，不斷道歉，彷彿他是一個等待審判的壞蛋。我告訴約翰，那個架子已經掉了好幾次了，可能是因為我黏它的時候用的膠水不夠牢固。不過我已經買了另外一種強力膠，剛好可以用上。

他驚訝地注視著我，沉默著，好像有話想說，還有些想哭。

「老師，剛才我非常害怕，我本來很猶豫要不要告訴你是我做的壞事……可是你看起來完全不介意，甚至很輕鬆，就好像這是一件小得不能再小的事。這讓我覺得自己很傻，

可是我又覺得很感動，甚至很難過。

「……我想到小時候家人對我非常嚴格，這個不行，那個不可以，但我偏偏看見什麼都想摸一摸、試一試。因此常常被罵。在我五六歲的時候，某天我正好在抽屜裡翻到我爸公司發給他的一個獎品，是一支名貴的鋼筆。可能他捨不得用，就藏在抽屜裡。我覺得好玩，就拿出來玩，結果沒拿穩，鋼筆掉在地上摔壞了。正好我爸下班回家，他像瘋了一樣打我，還大聲罵我。我現在想起來都很害怕。

「……可是我爸也幾乎幫我做出了我人生中所有的重大決定，考什麼大學，讀什麼科系，做什麼工作，等等……大多數時候，只要我不犯錯，按照他的規劃去做，他都很好說話……」

約翰低著頭沉默了好一會兒，他用手揉著眼睛並盡可能讓自己的頭偏向另一側，好讓我不要注意到他的眼淚。

這次會面後，我感到約翰似乎自在了一點，他可以坦白更多自己的擔心和害怕。談話時，他會願意和我有目光交流，

偶爾還會流露出一絲靦腆的笑容。

我們開始意識到他遲遲無法進入親密關係的一個重要原因：他在約會時太焦慮了，總是擔心自己哪裡出錯，又不敢問任何問題來瞭解對方，怕被認為是一個沒有禮貌的人。

當有女孩表現出對他感興趣的樣子，詢問他的職業或愛好時，約翰又總感到被質疑、被評價，或者擔心對方覺得自己不夠好，進而乾脆習慣性地選擇迴避和推開對方。

關係常常因此戛然而止。

是的，我們在孩童時代總是會惹麻煩，讓人頭疼，尤其是當我們感到好奇時，總是忍不住問一些問題（或做些嘗試）。

「為什麼只能吃一個霜淇淋？」

「為什麼下雨就不能去露營？」

「為什麼爸爸和媽媽不一樣？」

「為什麼……」

特別是當父母希望孩子去完成一些事情，卻立刻被各種「為什麼」包圍時，這很難不讓人惱火。但是，如果父母能夠接納這種煩惱，同時多給孩子一點安全感，孩子就會開始自己探索世界，他們會用各種各樣的方式去嘗試，並逐漸掌

握生存技能。

　　而曾經的約翰，那些新奇的東西讓他忍不住想要拆開看一看。可是爸爸的怒罵和責打讓約翰感到害怕，彷彿自己的好奇心和探索欲意味著闖禍和隨之而來的懲罰，會讓「一向好說話」的爸爸失望、暴怒，甚至拋棄自己。或許就是在這一刻，在約翰的人生腳本裡，寫下了這樣的程序記憶：好奇心等於犯錯，聽話等於安全。

　　這種程序記憶使約翰的內在自我探索停滯了。此後，約翰可能不再失敗，也不再闖禍，因為他已經不再嘗試了。

　　這一切帶來的影響，不只展現在約翰的親密關係上，也同樣展現在他的職業發展上，多年來，約翰錯過了無數次被提拔的機會。無論他多麼想改進現狀，或者渴望更具開拓性的工作，他始終無法邁出這一步，甚至無法表達自己對挑戰性工作的渴望，因為他太害怕出錯，太害怕受到責罰，甚至害怕讓主管失望。於是，他總是在更具挑戰性的案子面前退縮，在更需要帶領團隊前進時放棄，而這又讓他對自己感到更加失望。就這樣，他在「自我設限」和對自己無盡的「失望」之間來回躊躇，精力和信心逐漸被消磨殆盡。

精神分析學家比昂（Bion）將人的情感分為兩種：

1. α 元素，是指讓人能夠接受、耐受的情感，α 元素的特點是我們可以去理解，將其表達出來，或者透過自我調節消化它。

2. β 元素，是指讓人受不了的、抓狂的情感，β 元素的特點是不能被思考和命名，但會在潛意識中影響人們，並具有很強大的能量和破壞性。

比昂將把 β 元素轉化成 α 元素的能力稱為「α 功能」，這是一種非常重要的心智功能。

一個情緒功能（α 功能）發展比較好的媽媽經常要做的事情就是為孩子的情緒命名，當一種情緒被命名後，它就從不可承受變成了可承受、可消化、可轉化的情緒（α 元素）。

而現實中的一些父母（養育者）會因為各種原因忽略孩子的感受，或因自身的 α 功能比較弱，在幫助孩子處理體驗前自己先失控了。

就像約翰的爸爸，疲憊地工作了一天回到家裡，發現自己心愛的紀念品被孩子摔壞了，很可能他還來不及覺察自己的情緒，一股無名火就起來了，然後，無意識地把自己未經

分析和調節的、無法承受的強烈情感拋給孩子去承受。爸爸忽略了約翰正處於對各種事物好奇的年紀，他並不是故意調皮搗蛋，只是需要有人引導他學會正確的探索方式。

由於約翰無法消化爸爸的憤怒情緒，他感到自己「做了壞事」，彷彿爸爸在那一刻不愛他了，而失去父母的愛是讓每個孩子都會感到恐懼的事情。如果總結一下，這一刻在約翰的腳本裡記錄的可能是：如果我犯錯了，爸爸就不愛我了，爸爸不愛我的表現是他會生氣，會打罵我；我不應該探索這些好玩的東西，要是我乖乖的什麼也不碰，爸爸就不會生氣，就會一直愛我，我就會一直是他心裡的「好孩子」。

在天才與廢物的邊緣掙扎

　　每個人都有對自我的認同，這種認同代表了其具有穩定的性格特徵。而有些人的自我認同被塑造成了「一腳天堂一腳地獄」的雲霄飛車模式，他們無法認定自己的價值，總是懷疑自己。即便在成功的時刻，他們也戰戰兢兢、如履薄冰，找不到自信的感覺。

案例 | **小英**

　　小英十分漂亮，身材姣好，正在攻讀博士。她說父母十分愛她，雖然總是干涉自己的生活，但總是出於愛。

　　考大學之前，小英一直是父母的驕傲、鄰居口中「別人家的孩子」。她聰明、懂事，門門功課都名列前茅，從來不讓父母操心。直到她考試發揮失常，去了一所普通大學。父母對小英的態度一下子轉變了，他們甚至對親朋好友撒謊說小英是因為突然生病才沒考好。

　　小英很委屈，也很困惑。考試失利讓她很沮喪，她渴望

得到父母的安慰和擁抱。但父母似乎受到了比她強烈一萬倍的打擊。在小英去大學報到前，他們每天從早到晚哀聲嘆氣，反覆地問小英：「你怎麼會考這麼差呢？」

小英回答不出來，她也不知道自己怎麼了。但在無數個失眠的夜裡，她在心裡暗暗發誓，一定要考上名校研究所，絕不能再讓父母丟臉了。

四年以後，小英如願以償考取一所著名大學的研究所，後來又讀了博士。但是，她再也無法睡得安穩，再也沒有擁有過一個休息日。幾乎所有時間她都待在實驗室。實驗室讓她感到安全。只有在工作中，她才能感到自己是活著的。

實驗室裡的每個人都知道有位叫小英的同事，她既聰明又勤奮，堪比「永動機」。但小英總是感覺大家不喜歡自己，也不願意和自己親近。偶爾會有一兩個跟小英熟悉的同事開玩笑說：「小英，你有天分，還這麼拚命，你這麼優秀，要我們這些普通人怎麼辦呢？」

小英很尷尬。她並不覺得自己優秀，但她隱隱感到每次自己說「我其實一點也不優秀」時，同事們總是很嫌棄自己，也有人當面說過她很假。

當天晚上小英又失眠了，迷迷糊糊中，她又回想起大學考試分數公布的那個下午，媽媽小聲哭泣著，一向愛面子的爸爸一邊抱怨媽媽沒有照顧好小英，一邊打電話不斷確認是不是分數搞錯了……小英像個被拋棄的孩子，無助地躲在房間裡，不敢哭，也不敢問。沒有人理解小英內心深層的恐懼：如果不能成為天才，她就不配活著。

　　小英從來沒有為自己獲得的成就開心過，每一次「戰役」結束，她唯一關心的就是自己有沒有被錄取，論文有沒有通過，專案有沒有得獎，在她的字典裡：失敗意味著毀滅。

　　終於有一次，小英在得知自己申請的一個重要專案被拒絕時，當場恐慌發作，被送進了醫院。

　　再後來，我在諮商室裡見到了小英，她說的第一句話是：「蠻好的，我終於可以名正言順地休息了。」

　　也許生活本就是跌宕起伏的，但人的內心不能沒有中間狀態，穩定的自我認同是支撐人們從低谷崛起的基石，是從高處跌落的緩衝帶。

　　　　　　　　我一點也不糟糕　建立價值感，我值得更好，我也很好

小英從小就生活在一個評價兩極分裂的環境中：當她考取第一名時，父母會把她捧上天，彷彿她是世界上最棒的孩子，會得到所有的寵愛；而當她不是第一名時，父母就會變得無比冷漠，責備她不夠努力，彷彿這樣的她連父母的安慰和照顧都不配擁有，甚至成了全家的恥辱。

也許有些父母的教育理念受到過這樣一句話的影響：「嚴是愛、鬆是害」。有些父母下意識地把懲戒當作「嚴」，把愛的給予當作「毒藥」。這樣的教育方式，就會讓本應該無條件的愛，變成了有條件的籌碼，讓愛的給予和收回，變成了隨孩子的表現而劇烈起伏的雲霄飛車。就這樣，這種「如果我不能成功就是廢物」的模式被寫入了小英的人生腳本中。

對這樣的小英來說，只要懈怠，只要停步，就是「粉身碎骨」，於是小英們將一直奔跑，疲於奔命，永無止境。

孩子的自卑是對父母的忠誠

你很可能在生活裡遇到過這樣一種人，他們受過良好的教育，可能出身名校，有光鮮亮麗的職業經歷，有體面的婚姻和家庭，如果有孩子，孩子也就讀不錯的學校，一家人出現在公眾場所總是能獲得各方羨慕。但是人到中年，突然間，他們開始迷茫，覺得人生沒有了意義，彷彿自己所擁有的一切都是無意義的。

有些人因此想離婚，有些人突然想轉行，好像他們在想盡辦法「搞砸」自己的生活。有些人雖然沒有將「迷惘」表現在行動上，但他們內心非常空虛、匱乏。

案例｜麥克

麥克第一次與我見面時，告訴我他沒有任何問題，來嘗試心理諮商僅僅是因為他愛學習，對各種新鮮事物有求知欲。我請他多說一些。

求學、就業、戀愛、結婚、生子，聽起來一切水到渠成，

心想事成。

「哦，」他突然停頓一下，「我忽然想到一個小小的困擾，也許你可以給我一些小建議：就是在社交場合和人交談時，雖然我都能對答如流，但我對社交沒有什麼特別的興趣，就是說，我心裡覺得社交還蠻無聊的。想知道有沒有什麼辦法能讓我喜歡上社交。」

「假如你喜歡上社交，能夠帶來一些什麼樣的變化呢？」我想瞭解麥克這樣說的真正動機。

「我的工作需要我跟客戶、同事建立良好的關係，良好的社交對我來說是必須的，如果我能喜歡上社交的話，我就能做得更好，也會更自然。我的一些同事就很愛跟人打交道，不像我，總是有點緊張。」

「能多說一些你觀察的那些『愛跟人打交道』的同事們是怎樣社交的嗎？」我有些好奇。

麥克點了點頭，「我真的觀察過，我發現同事很容易就能跟客戶找到共同的興趣、愛好，週末他們還會約客戶一起出去郊遊，我就做不到這一點，我寧願在家睡覺。可是，他們跟客戶來往多，關係自然維護得比我好，我在家躺著也沒

辦法睡著，腦子裡一直在想這些事。」

第一次會面的時間到了，我邀請麥克下週同一時間繼續討論。他同意了。

很快下一週我們又見面了。

一開始，麥克就盯著我看，問我有沒有想到好辦法讓他喜歡上社交。

我向他坦白，我暫時不知道有什麼辦法可以幫助他喜歡上社交，但是，或許我們可以先探索看看是什麼妨礙了他喜歡社交。麥克同意了，然後他看著我，說：「我們開始吧。」

熟悉的緊張感又來了。我感到得要努力把自己「撐」起來，這不是一項輕鬆的任務，我感到自己似乎必須全力以赴，嚴陣以待。

儘管麥克可能會對我的非「目標導向」感到失望，但我仍然問出了這個問題：「能不能跟我說說，在你從小到大的經歷中，你喜歡做的一件事或任何興趣愛好。」

麥克用目光對我的問題表示了困惑，但也許是不願令人失望的性格讓他認真思索了一下，並告訴我他從小到大沒有

我一點也不糟糕　建立價值感，我值得更好，我也很好

特別喜歡的事情，如果一定有什麼讓他喜歡，那就是喜歡把每一件事都做到盡可能的完美。

我想了想，說：「我在想，你希望找到辦法讓自己喜歡上社交，但實際上你就是不喜歡社交，為什麼你要強迫自己喜歡一件你本來就不喜歡的事情呢。」

終於說出這拗口又真實的感受，我鬆了一口氣。

在一陣沉默之後，麥克講了一件事：「其實，你剛才問我從小到大，有沒有喜歡的事情，我想到了一件事，看科幻小說。我大概五年級時迷上了科幻小說，天天看，我不僅看，我還會寫，我真的寫了一部科幻小說。我父母覺得這是不務正業，看課外讀物是浪費時間，會影響課業。我跟他們保證，絕不會影響成績。後來有一次，因為我模擬考試沒有考好，我媽非常生氣，開完家長會回來一週都沒有跟我說話。就在那週，有一天回家我發現我爸偷偷登錄我的電腦，把我辛辛苦苦寫了近十萬字的小說從電腦上全部刪除了⋯⋯」

講完，麥克扶了扶眼鏡，看著我：「老師你肯定想不到吧，我其實不像我看起來這麼無聊。」他還擠了擠眼睛，像是有點在偷笑。

我們總聽人說父母的愛無私，卻不知道孩子的愛可以「無我」。

當孩子發現自己的喜好和渴望，與父母的意願相違背時，他們會不惜壓抑自己的意願，服從父母的期望。即使他們會在自己的喜好和渴望中尋找並建立自我，但沒有什麼能比獲得父母的愛更重要了，於是他們在表達自我和迎合父母兩者之間，選擇隱藏真實的自己。

麥克就做了這樣的選擇，當父母的期望落空，例如發現麥克的成績退步了，就刪掉他寫的小說作為懲罰時，麥克選擇放棄對自我的表達——對生活的喜愛和熱情，而屈從於父母的安排。

麥克滿足了父母的意願，成了高階白領，拿著不錯的年薪，找到了門當戶對的女孩結婚。他進入了一個「使命必達」的遊戲，但他並非玩家，只是遊戲角色，遊戲的實際玩家是他的父母。

但潛藏在麥克內心深處的憤怒和怨恨，遠不像這個遊戲角色一樣聽話，這些被壓抑的力量，讓麥克喘不過氣來，這些被壓抑在潛意識中的能量促使麥克試圖透過叛逆（如不按照父母的意願發展）來抗爭。越接近遊戲通關，這股能量就

越強大，因為遊戲越成功，麥克就越感覺不到自己的存在。

人的存在感建立在自身的獨特性之上。這種獨特性，既是一種能力，也包含了在使用能力時自然流露的氣質。一個人只有基於自身的獨特性去展開生活並發展自我，並且因此體驗到被愛，才能感到自己的價值感。

簡單來說，每個人都希望得到「因為我是我，所以人們愛我」這樣的愛。

而麥克的父母，並沒有給予他這樣的愛，他們付出的是「因為你聽我的，所以我愛你」的感情，這種感情建立在嚴格按照設定劇情發展的劇本之中，麥克成了「完美」的遊戲角色，而這種吞噬了麥克真實意願和渴望的「完美」，勢必如鏡花水月一般，會隨時消散。

兒時的記憶告訴麥克，屬於自己的喜愛和熱情是危險的。一旦開始喜愛，就要開始「摧毀」，要麼摧毀對父母的愛，要麼摧毀對自己的愛。而對一個孩子來說，摧毀對父母的愛，就相當於摧毀自己。麥克幾乎沒有懸念地選擇了摧毀自己的喜愛，而這讓他終有一日，還是會走上摧毀「父母的遊戲」

這條道路。

　　麥克走上了一條莫比烏斯環，在這裡所建立的一切都是虛假的，只有「摧毀」才是唯一的結果，因為麥克已經找不到那個建立自我的起點。

我一點也不糟糕　建立價值感，我值得更好，我也很好

別「翹尾巴」，會「翹辮子」

我們過去的成功體驗，共同建造了屬於我們的「個人歷史博物館」。你每一次打開這個博物館，都會看到裡面保存著你曾有過的信念。它讓我們記得，我們被愛意滋養過，被相信過，我們因為相信自己而成功過，我們相信努力付出是有回報的，相信一次次的準備和練習是會帶來變化的，我們有成功做到一件事的經驗，享受過辛勤耕耘帶來的滿足，我們有能量再一次出發。

但有些人，他們不敢為自己的成功喝彩，也無法因成功的經歷變得更自信，彷彿「我是不行的」已經成為他們永久的人格標籤。

案例 | **緹娜**

緹娜又開始重複講述與同事之間的各種衝突，她認為同事不喜歡她，也不信任她，總是質疑她的工作，又埋怨她拖延，可每次她都是那個承擔了最多、最辛苦、最委屈、最不

討好的角色。神奇的是，每次案子到最後都很成功，合作夥伴們都很開心，但好像從沒有人誇讚她或看到她的功勞。

緹娜總是在講完後用小鹿一樣的眼神注視著我：「我該怎麼辦呢？」

這種時刻總讓我陷入兩難境地：緹娜的痛苦是顯而易見的，假如不提供任何建議給她，彷彿我是個袖手旁觀的旁觀者，太冷漠了；但一旦我提出一個建議，有時僅僅是嘗試設想一種可能性，她馬上就會列出一大堆「不可能做到」的理由。

總而言之，她很委屈，也很受折磨。

有時候在我還沒開口前，緹娜就會主動替我解圍：「沒關係，我明白心理諮商師是不會給來訪者建議的，我不會失望的，我只是試試看。」

她講得太快、太輕鬆，以至於讓我不得不懷疑她是真的沒對我抱有期待。

這讓我想到緹娜的童年。

緹娜從小很爭氣，家裡有一堆她得到的獎狀、獎盃。但

我一點也不糟糕　建立價值感，我值得更好，我也很好

緹娜說，這些獎狀、獎盃都被媽媽收起來，放在一個櫃子裡。我好奇地問為什麼要把它們收起來，緹娜笑著說，媽媽總是說，得一次獎不算什麼，要次次都拿獎那才是真本事，所以她把獎狀、獎盃都收起來，好讓緹娜戒驕戒躁，忘掉過去的輝煌，繼續努力，不僅如此，媽媽還經常跟緹娜說其他人「得意忘形」的悲劇。

我問緹娜那時的感覺是什麼，她平靜地說：「我小時候可能會有點不開心吧，別的小朋友才拿了第二名，爸媽就會帶他們出去慶祝。可是我家裡就什麼也沒有，我媽總是說，成績已經過去了，要繼續努力。現在我也經常覺得拿獎沒什麼，你問我開心嗎，我可能有，也就比這個（緹娜用手指比劃了一下）還少一點吧。但隨之而來的是對這點開心的恐懼，好像稍微翹一下尾巴，就會翹辮子。」

後來有一次，同樣的對話又再次進行起來，我問緹娜：「我一直很好奇，你完成了這麼多案子，幾乎沒有出過錯，甚至大部分時間你帶領的團隊都是最優秀的，可是你仍然在每次案子進行時，焦慮到失眠，就好像過去那些成功經驗對你一點用也沒有。」

緹娜說：「嗯，能有什麼用呢？過去的已經過去了，又不能保佑我下一次順利過關。」

我接著說：「我同意你說的，每一次專案都是一個新的經歷。我的意思是，你過去取得的好成績，出色的專案經驗，並沒有給你帶來更多信心，讓你相信你大概是能解決困難的。那種感覺就好像，過去那麼長時間裡你的成功經驗完全消失了，你焦慮的時候完全想不起來類似的情況已經被你搞定過好多次了。」

緹娜看著我，用非常緩慢的語速說：「你講的話讓我想到我國中時讀過的一句詩：別太高興，會驚醒悲傷。」

在緹娜取得好成績的時候，父母告訴她「拿一次滿分沒有用，次次都拿滿分那才是真本事！」這很可能與緹娜父母的成長經歷有關，他們似乎在向緹娜傳遞一個重要信念：就算這次成功了，下次也不一定做得到，而且，與現在的成功相比，下次成功才是最重要的，如果下一次考得不好，連帶著上一次的好成績也一起消失了。

這帶給緹娜兩種很重要的感覺：考好成績這件事是沒有

　　　　我一點也不糟糕　建立價值感，我值得更好，我也很好

盡頭的，你需要一直考滿分才行；而且，最好別為自己得到的任何獎勵和成績開心，因為好事轉瞬即逝，馬上化為烏有，徒留悲傷。

　　儘管世界本身是無序和失控的，但我們需要透過確認自身的努力與結果之間有一定的關聯，這樣才能獲得一點掌控感。這一點掌控感會讓我們慢慢累積自信。自信令我們更願意投入身心資源去探索世界，同時也會滋養我們的內心世界。

　　對緹娜來說，她拚命追求的那些獎狀、獎盃始終被藏在櫃子深處，這幾乎是一種世界無序的沉默證據，而不是滋養她自信心的維他命，於是，在她的人生腳本裡，任何成就都無法滋養她，因此，無論她付出多少努力，她都既無法享受過程，也無法享受成功的結果。

4

自我認同──
「我是誰」如何影響
你與世界的關係

向內探索：靠近自己、看見自己

通常情況下，當我們談論「我是誰」時，意味著我們在談論與自我認同有關的話題。自我認同也被稱為自我同一性或身分認同，是主體對自身的一種認知和描述，也就是我是誰？我是一個怎樣的人？我如何定義自己？

「我是誰」是一個終生發展的過程，也是一個不斷變化、建構的過程。

　　根據美國心理學家高爾頓・奧爾波特（Gordon Allport）的自我發展理論，個體對自我的認知要經歷生理自我、社會自我、心理自我三個階段的探索過程。我在本書中主要討論的是心理自我。

　　我們如何建立自我認同，在這個過程中可能會有哪些阻礙，這些阻礙會如何干擾我們對自己的接納，這些都是非常值得思考的議題。

　　實際上，瞭解自我認同的發展過程，可以幫助我們定位內心的衝突所在——也就是我們內心的衝突可能與我們無法認同自身某些真實的部分有關。我們需要打破過去的經驗對自己的限制，建構新的自我認同，就像一盆植物一樣，如果總是不開花或葉子枯萎得厲害，有經驗的養花人在找到可能的病因後，會剪掉枯枝黃葉，靜待其重生。

　　例如，前文提到的約翰。如果他能意識到自己無法與人建立親密關係與他既渴望又害怕「真實」的自己不能被接納

有關，這與他不認同這部分真實的自己息息相關，他可能就不會再急於尋找相親機會或「適合」的對象了，而是開始把注意力轉向自我探索。

如果一個人能夠與真實的自己對話，溫柔地去瞭解那個「我」是誰，有怎樣的特質、興趣、愛好，瞭解那個「我」遇到了什麼樣的困境——這個困境是他需要去面對和解決的問題，但並不意味著他很糟糕或不夠好，那麼，他就開啟了自我探索之旅。

如果一個人能夠帶著好奇去靠近自己，探索自己，看見自己，他的生活、人際關係就有了自然而然的變化，他會因真實的自己被確認而變得更加自信。

自我同一性：無法逃避的人生課題

在心理學家愛利克‧艾瑞克森（Erik Erikson）的人格發展階段理論中，他把人一生的發展劃分為八個階段，其中第五個階段是青春期（十二～十八歲）。這個時期的青少年面臨著自我同一性（自我認同）與角色混亂的衝突。

自我同一性是指個體對於自我具有穩定且連貫的認知，即確立了「我是誰」、「我想要成為誰」等問題的答案。這意味著，個體能夠將自我的過去、現在和將來整合成一個有機的整體，能夠相對清晰地思考、選擇、確立自己的理想與價值觀（或其他一些與自我發展有關的重要議題），並為實現自我理想積極的努力。

然而，如果一個人在自我同一性的發展過程中受到了阻礙，就會出現同一性整合失調的問題，這意味著，他總是體驗到混亂感，常處在矛盾中，無法做出決定。這非常消耗內在心理資源，使個體很難有餘力去探索和發展自己的任何願望並取得成就，而這對於自尊的發展是非常不利的。

自我同一性發展受阻的人可能會像前文提到的小英那樣，一下子感到自己無所不能，任何目標、任何挑戰都不在話下，一下子又感到自己不堪一擊，認為自己連最簡單的任務也無法完成，對自己感到厭倦，嫌棄，並且有較強的無意義感。

　　自我同一性發展受阻的人也可能會長期處在迷茫和困惑中，一下子熱切地要成為街舞明星，一下子立志向科學家學習勇攀學術高峰，可能過幾天又發現，咦，做個畫家太有意思了⋯⋯

　　當一個人對於自己想要什麼，對未來的職業選擇和發展方向，對是否要進入一段親密關係等問題都是不確定的、猶豫不決的或隨遇而安的，漸漸地，他可能會朝著另一種狀態發展：一方面覺得自己做什麼都行，另一方面又什麼都不開始去做。

　　起初，他可能總是在一份又一份工作中不斷切換，也可能在一段又一段親密關係中來回穿梭，但無法在一個領域或一段關係中「深耕」很難使他獲得自我成就感和滿足感，自我成就感和滿足感的缺失會讓他日漸沮喪，自信也會被逐漸消磨。

自我同一性的發展無法由他人替代完成。比如約翰，他父母擔心他受到傷害或挫折，試圖替他包辦大小事務，從生活上事無巨細的照顧到對報考什麼科系的權衡評估，他只需要聽從父母的安排，專心學習考出好成績，也因此，他沒有足夠的機會探索自我，我們也可以說約翰的自我同一性發展受阻了。

在約翰的案例中，父母代替他承擔了很大一部分的結果和風險——當這種結果和風險可以被父母掌控時，一切安然無恙。可是，當父母的經驗覆蓋不到約翰的人生課題，甚至很難給出具體建議——諸如戀愛、結婚、生子、工作、交友等，他就只能再次回到青春期的迷茫：我喜歡怎樣的女孩？我渴望怎樣的親密關係？我想擁有怎樣的婚姻和家庭？我想發展個人專業技能還是發展管理技能？

一連串的茫然及年過 30 歲的焦慮讓約翰十分痛苦，青春已經逝去，但青春期的困惑依然存在。

約翰不得不回到原點，再次探索和確認自己是一個怎樣的人。同時，他不得不重新靠近自己的情感和想法，允許那個真實的自己出現在人群裡，尋找和自己有共鳴的人做朋友，

同時也欣然接受屬於自己的、獨特的個性。

　　心理諮商師與來訪者的關係在某種意義上提供了一個安全有邊界、又帶有一定彈性的「空間」，可以支援和幫助像約翰這樣的人去嘗試、體驗、收集各種感受——在和外界、他人打交道時內在獨特的、複雜的感覺——這些感覺的集合成為了人們建構「自我」的基底。

篤定感：內在聲音的統領者

　　我們不僅要瞭解「我是誰」，還必須學會定義和創造自己。自我同一性的建立就像試穿一件新衣服，我們可以把父母、老師、教練、電影明星、運動員或任何人當作榜樣。從模仿、認同到創造、超越，在這個過程中，我們不停地追問：我是一個怎樣的人？我重視什麼？我是怎樣成為現在的自己的？我希望將來過怎樣的生活？

　　人是一種複雜的存在，不能被局限於某種特定的身分。我可以是孩子，也可以是父母；我可以是學生，也可以是老師；我可以是體面的白領，也可以是勇敢的創業者……總有一種身分可以用來定義「我是誰」，但「我是誰」又常常不會被某種單一的身分所限制，過分強調某種單一的身分，就會把人束縛在一個模具裡，忽視了人的多元性和靈活性。

　　心理健康評估中一個很重要的項目是評估個體的「自我敘事」能力。自我敘事能力意味著一個人可以把自己的故事講明白，透過講故事的方式把自己迄今為止的人生經驗的本

質和意義傳遞給與自己有關係的人。

這種講故事的能力讓一個人在分享經驗、情感、想法的過程中獲得理解和認同。這並不容易，因為講好自己的故事意味著這個人能把自己的經驗以一種自洽的、有內在邏輯的、有反思性的、和諧統一的方式組織起來，並且沒有破碎斷裂。

換句話說，一個會「講故事」的人，他需要階段性地完成相對確定的自我認同，他瞭解自己在不同的關係裡，在不同的情境裡，在不同的情緒狀態下，可能會展現出哪種自我狀態，他理解並熟悉自己的各種身分，每一種身分都是既清晰又鮮活的，它們像一組組音符，在演奏者——主體——的統領下排列有序，發出和諧而優美的聲調，各有主次，為旋律添光增彩，相得益彰。

假如一個人的主體經驗不能以這樣的方式被建構起來，就會表現出解離和壓抑的傾向或狀態。比如，小英時常在認為自己是天才或笨蛋之間擺蕩，並且這種擺蕩的切換常常是無序的、僵硬的，「天才小英」和「笨蛋小英」彷彿互不相識，這種狀態在心理學中被稱為「解離」。

再比如，麥克雖然表面看起來非常優秀，但他卻在人際

交往中呈現出一種刻板、無趣、缺乏活力的狀態，而這往往被心理學家解釋為一個人對內在某一部分自我的壓抑。

為什麼像小英和麥克這樣的人，已經在學業、事業上取得了不錯的成績，卻缺乏內在的篤定感呢？一個很重要的原因是他們心裡的聲音有很多，這些聲音對自己不同身分的評價常常迥然不同，沒有一個相對穩定的、可持續存在的「主旋律」（穩固的內在確認感）來管理、組織、協調這些不同聲音，讓它們和諧共處。

在沒有主旋律的內心中，很難確立一種和諧的節奏，不同聲音混在一起，令人焦慮、煩躁，雖然外面有一層看起來薄薄的殼勉強地框住這些混亂的聲音，但由於裡面的內容彼此不連續，不斷對外殼造成衝擊，因此這類人總是留給他人「外強中乾」的印象。

人格的連續性：內在修復力

我的一位老師曾在課堂上問了大家一個問題：

「如果一個人某天走在路上不小心撞到電線杆，額頭上腫了一個包，你們猜，兩週後這個包還在嗎？」

乍一聽這個問題，大家都覺得好笑：兩週後這個人大概就痊癒了，額頭上的包就不在了。

老師又問：「如果這個人兩週後發現額頭上的包還在，而且一點都沒變小，你們猜，可能發生了什麼呢？」

大家議論紛紛，「發炎啦」、「有更嚴重的病灶」等等，然後一起等待老師揭曉答案。

老師笑了笑說：「說明這個人一定是做了什麼讓這個包痊癒不了，比如每天撞一次電線桿。人體的組織是有自癒系統和修復功能的，不像汽車，如果掉漆了，除非你去店裡維修，否則它自己是無法自癒的。」

這種人體具備的自癒系統和修復功能，在心理學中叫作「修復力」或「心理彈性」、「心理復原力」，英文中使用

的是「Resilience」這個單字。這個概念來源於拉丁文「韌性」，有跳回、彈回的意思，因此我們也常常描述一個有良好內在修復力的人「很有韌性」。也就是說，這類人在處於不太有利的生活情境下，或者遭遇挫折後，他能相對穩定地維持或快速有效地恢復到心理健康的狀態。就像橡膠球一樣，它可能會暫時變形，但很快就會恢復原狀。

　　契訶夫寫過一篇小說《小公務員之死》，故事講的是，小公務員伊凡在戲院看戲時，打了一個噴嚏，他不小心把唾液噴到了前排的一個人身上。伊凡心裡很害怕，因為那是一位職級比自己高出一大截的高官，伊凡連忙向對方道歉。高官接受了道歉，沒有怪罪他，只表示自己要繼續看戲。可是伊凡的擔心沒減輕，他繼續懇求對方的原諒，反覆再三。這時，被耽誤看戲的高官不耐煩地說「夠了，讓我看戲，別沒完沒了的」。

　　伊凡見對方面露凶相，內心更加擔憂了，不敢再說什麼。第二天，伊凡專程去這位高官家裡請罪，對方笑著寬慰他。但伊凡依然反覆地道歉、乞求原諒，這位高官終於受不了了，要伊凡「滾出去」。伊凡沮喪地走回家，躺在床上，死了。

這原本是個諷刺現實的故事。如果從心理學的角度去品味的話，伊凡的內心狀態就是缺乏心理彈性的。對高官的畏懼讓他極度焦慮，即使對方是一個和氣且講道理的人，但一想到「得罪了高官」，伊凡害怕極了，不敢相信眼前這位高官不會責怪自己，因此反覆道歉懇求原諒，這樣的打擾讓高官終於生氣了，他不打算為伊凡的恐懼負責。

　　用心理學的視角去猜一猜的話，這種恐懼與伊凡之前與「權威」打交道的經歷有極大的關係。比如，他可能曾經被「權威」嚴厲苛刻地對待過，受了傷，進而有了「一朝被蛇咬，十年怕井繩」的心態。

　　他沒法相信自己不小心犯的錯是可以被原諒的——這成了他內在的「自我—他人」關係劇本，即使遇到了和善的「權威」，由於這與伊凡的內心劇本不相符合，因此他拒絕了接受新的可能性，並無意識地透過「強迫式重複道歉」最終激怒了原本並不責怪他的「權威」。

　　在這個故事裡，缺乏心理彈性意味著一個人固守過去的經驗，並使得這種經驗重複出現在當前的關係情境下，比如，

這個人過去不小心給別人添麻煩了，對方大發雷霆，他固執地認為現在遇到的人也會這樣對待他；再比如，一個人過去沒有被好好對待，於是認為自己不可能被其他人包容，等等。僵化地固守過去的經驗，以此預測未來，這很像刻舟求劍，船已駛出千里，但人們的心還停留在最初劍掉下去的地方。

這樣看來，大家常用「玻璃心」形容缺乏心理彈性的人是有一定道理的，玻璃堅硬卻易碎，只有在極高的溫度下才能被塑造成各種形態，而且成型後很難再發生變化，就像伊凡的心一樣，遇到挫折就碎了滿地，甚至連自我修復的機會都沒有。

孩子的心靈都是豐富而敏感的。在較為寬鬆、接納的氛圍中，孩子不僅會在生理上得到充分的照顧，還會因為喜怒哀樂都被父母所接納和關注，而充分地體驗到各種感覺並樂於分享自己的感受。

即使在成長過程中不可避免地在學習知識、建立關係、遭遇失敗、親人去世等方面體驗到糟糕、沮喪、無助的感覺，他們也會因為父母（或其他照顧者）的耐心傾聽、鼓勵安撫而得到安慰，不會任由焦慮、恐懼等情緒擾亂內心。

漸漸地，孩子內化了父母接納、關注、傾聽、安慰的形象，發展出自我養育（self-parenting）功能，他們能夠像父母包容自己的挫敗感一樣，去應對成長中的挫折，他們可以自我調節，與那些時常體驗到的焦慮、煩躁、無聊等感受友好相處。

　　這種自我調節能力是個體的人格中不可缺少的「內在父母」的組成部分，在一次次被他人撫慰到自己能夠撫慰自己的過程中，個體對自己的心理修復力有了信心，他相信自己有能力影響自己的命運，通常也會更主動、積極地採取行動來嘗試獲得新的體驗。

　　精神分析理論認為，人格的成長是在個體獲得新的客體關係體驗的過程中發生的。人格成長的一個重要前提就是，一個人的人格基底具備一定的心理修復力，可以提供足夠的心理資源讓他願意且敢於投入到新的關係中去拓展經驗。

　　心理學家艾米・維納（Emmy Werner）透過研究發現，心理修復力會隨著時間改變。一些原本具備較強心理修復力的人，如果不幸經歷了過多打擊，他們的心理修復力就會消耗殆盡。大部分人都有一個崩潰的臨界點。

　　另外，也有一些原本心理修復力不夠強的孩子，隨著個

　　我一點也不糟糕　建立價值感，我值得更好，我也很好

人的努力與成長，他們也可以學會消化負面經歷，並且變得和那些從一開始就具備較強心理修復力的人一樣出色。

這就提出了一個問題：心理修復力是如何發生變化的？

5

羞恥感
——隱形的疼痛

羞恥感並不是你的敵人

迪士尼動畫電影《天外奇蹟》（UP）裡的狗小逗（Dug）
說：「我一點也不喜歡羞恥圈★（I do not like the cone of
shame）。」

羞恥（或羞恥感）是什麼？羞恥感是心理諮商師在工作
中常常要面對的一種情感，它對很多人來說並不陌生。作為

★羞恥圈即伊莉莎白圈，是為了防止小動物在術後抓撓傷口導致感染而設計的。

人類情感的一部分，羞恥感就像我們的影子，常伴左右，如果把羞恥感替換成「尷尬」、「不好意思」、「害羞」、「囧」等更為人熟知的形容詞，也許你此刻已經在腦海裡有了畫面：

雨天路滑，你不慎摔了一跤，滿身泥水爬起來的第一個念頭是最好沒人看見你；急匆匆趕去上班，電梯超載，你被電梯內的人目送離開，即使沒人認識你，你還是滿心尷尬，彷彿電梯載重有限是你的錯。

更可怕的是，當這些過往的經歷浮現在你眼前，窘迫和尷尬彷彿一點都沒隨著時光流逝而消退，它像永不褪色的照片擺在那裡，成為證明你「不夠完美」的證據。

很多感受，如憤怒、悲傷、失望，是可以透過宣洩而得到緩解的。難過了，去按摩一下；憤怒了，去打個拳。唯有羞恥感，我們一秒鐘也不想停留在這種感受裡。

身為為數不多的研究羞恥感的專家之一，約瑟夫・布爾戈（Joseph Burgo）把羞恥感看作一個更大的情緒族譜，這一系列情感表現在兩個層面，一個層面是從輕微到強烈，另一個層面是從具體到泛化。從這個角度來說，「尷尬」可以被看作一種具體的、輕微的不愉快。而那種對我們有害的羞恥

感（對自己的根本否定），更像是一種泛化的、持續的、強烈的痛苦感受。

這種強烈的痛苦如果持續過長的時間，就會降低我們對生活的滿意度，影響自我發展，例如，那些常年遭受慢性疼痛折磨的人更傾向於在家裡休息，很少走出家門和朋友們一起交流；而那些深受羞恥感折磨的人也會把自己關在心門裡，因而限制了他獲得自我成就感和自我效能感。

因此，瞭解羞恥感如何妨礙自我發展，對於修復受傷的自尊是不可或缺的重要步驟。

當然，羞恥感也有積極的作用。它令人們區分什麼是可以公之於眾的，什麼是可以留存於心的，使人類與動物有所區別。

談論羞恥感，不是為了消滅它，而是為了找到與它相處的方式，探索我們如何使用這一獨特的人類情感來為我們的生活服務，而不受困於此。身體某處的疼痛感是在向大腦發送訊號：「請快來關注這裡，這裡出了問題。」心靈的疼痛也是如此。

羞恥感並不是敵人,而是提醒我們去改善身心健康的報警器。在日常生活中,羞恥感常與外貌、身分和社交場合有關,在接下來的章節中,我會分別從這三個方面與你一起探索羞恥感。

外貌羞恥：難以實現的理想自我

　　我們都體驗過滿懷欣喜地期待一件事發生，並將自己的期待分享給周遭的經歷，例如，三五歲的孩子會在搭好玩具積木城堡後，拉著來父母一同欣賞，期待得到父母的讚美。當事與願違時，我們會體驗到相當糟糕的感受，如果父母只是冷淡或毫無興致地回應孩子，孩子會十分沮喪，甚至會懷疑自己先前的那種「自我滿足感」有問題。

　　如果「這件事」關乎我們的身體，這種失望的痛苦很大一部分是指向自己的，也就是我們對自己感到失望、不滿意，這是羞恥感族譜中的一環。當我們為自己立下一個「改造身體」的目標（減肥，馬甲線，雙眼皮等）時，便開啟了一扇體驗羞恥感的大門，因為立下這種目標的前提是我們並不接納目前的外貌，我們是因為「不接納」而不是因為想變得更健康、更漂亮的目的而設立目標。

玫瑰是我見過的容貌最美麗、舉止最優雅的來訪者之
一。

然而，她很不快樂。她的不快樂是從青春期開始的，她
總是被人說自己胖，她說自己的小腿比其他女孩的小腿粗壯
不止一倍，甚至超過了部分男孩。這種對「胖」的密切關注
在玫瑰讀高中時到達了頂點：升學的壓力令她無時無刻不在
吃各種零食，她的體重數字越來越高。

由於被同學們指指點點，玫瑰總是穿著寬大的衣服以試
圖遮掩自己的身材，卻讓自己看起來更加「龐大」。玫瑰把
這一切歸咎於小時候奶奶總將注意力放在自己「吃飯」這件
事上，一上飯桌，就不斷要她多吃一點，再多吃一點。玫瑰
從小就是個小胖妞，臉圓圓的，總被誇像個洋娃娃，大家也
特別喜愛她胖嘟嘟的樣子，可是長大後卻不一樣了。

多年來，她一直在控制自己的體重，體重計上的指標微
微向右晃動一公釐對她來說都是巨大的打擊，接下來的好幾
天她會忍饑挨餓直至體重回到五十公斤以內。

可是，過了三十歲以後，玫瑰發現控制體重不再像過去

那麼容易了。來見我時，她輕聲說：「我已經戒掉了一切愛吃的甜點，不喝任何飲料，不吃米和麵，可是，唉，我怎麼越來越胖！」

她望向窗外，思緒似乎飄向了遙遠的某地。

「我媽媽就是像我這樣的梨型身材，腿短而粗壯，她不愛運動，可看起來很強壯。你知道嗎？一天，我在家走動時，我爸突然看著我說了一句，我這個女兒的腿真是有夠粗——我不記得自己當時的感覺了——但我爸那種表情讓我印象深刻，我感到自己受到了侮辱。」一串眼淚順著玫瑰的臉龐落下來。

沉默了一會兒，玫瑰繼續說道：「我前男友也總是用那種語氣，你懂嗎？就是那種略帶遺憾的語氣……有一次，我終於鼓起勇氣買一條短裙，我穿上後問他『好看嗎？』他說：『裙子是好看，但你要是腿再細一點就好了。』我的臉一下子火辣辣的，恨自己幹嘛要自取其辱……我也希望自己的身材不是這樣的……可是，我沒有辦法啊……小時候大家都喜歡我，我甚至以為圓滾滾的才可愛，可是為什麼長大後大家都說我胖，連家人和閨密都要我減肥，為什麼我要被大

我一點也不糟糕 建立價值感，我值得更好，我也很好

家評價。我受不了那些異樣的目光，如果有隱身衣就好了，那樣就沒人看見我了。」

　　對玫瑰來說，對她身材的負面評價來自她的爸爸和前男友。當成年後的玫瑰在親密愛人面前展示自己的成熟魅力時，她原本期待獲得欣賞、讚美和認可，但對方所給予的回應讓她無比失望，也深深地傷害了她，她的「身體自我」的存在遭受到了威脅。來自重要他人的評價的確能影響甚至撼動我們對自己的認知，特別是當我們處在建立自我認同感的階段時。

　　來自他人的回饋會被我們內化到理想自我中，成為現實自我努力靠近的目標。這意味著，當獲得太多「苛刻」的回饋時，我們會設定更加「宏大」的理想目標，但這通常是現實自我很難透過努力達成的。例如，玫瑰給自己設定的目標——骨感——並不符合她的真實體態，無論她怎麼竭盡全力地控制飲食減少體重，理想的骨感身材都是不可能達到的。

　　當我們為了「補償」內心的羞恥感為自己設定了不切實

際的目標時，通常只會體驗到挫敗（因為這類目標幾乎不可能實現），這反而加重了羞恥感，如果我們不能停下來梳理內在的感受，而是為了緩解糟糕的感受立下更高的目標，就會陷入惡性循環中。

美國北卡羅來納大學的弗雷德里克森（Fredrickson）教授和科羅拉多大學的羅伯特（Roberts）教授在客體化理論（objectification theory）中指出，反覆的客體化經歷（被當作客體來評價而忽視主體的感受）會使女性將自己視為被評價的客體，進而使女性以觀察者視角審視自己的身體，即發生了自我客體化，自我客體化意味著女性頻繁、習慣性地自我監督自身的外表。

自我客體化打斷了女性與其主觀體驗的聯結，使女性更關注自己在他人眼中的形象，而非關注自己的感受，這往往使女性更加尋求「我看起來怎麼樣」，而不是「我感覺怎麼樣」。

媒體有意無意地製造和傳達的「美」的標準和意象，也對人們過分關注自身的外貌產生了非常重要的作用。

我一點也不糟糕　建立價值感，我值得更好，我也很好

另外，在當今社會，遭遇外貌羞恥折磨的不僅是女性。隨著女性經濟實力的改變，以及媒介關注點的改變，男性也受到了影響，開始體驗到被凝視的感覺。最常見的就是關於男性的身材和男性氣質，等等。

　　甚至許多時候，隱性的貶低和羞辱是包裹在「好心」、「心直口快」裡面的。諸如「你都這麼胖了，還吃」、「你腿太粗不適合跳舞」等話語時常出現在日常交談中，我們感到心痛，卻常常不知此痛因何而起。

身分羞恥：無回應的愛

有一類羞恥感與我們自身的存在感關係緊密，源於我們是否獲得了恰如其分的關注。很多人都體驗過因為「無回應的愛」引發的羞恥感。

比如，被喜歡的人告知對方只把自己當作普通朋友，發送出去的訊息長時間「已讀未回」……這些付出了真心但沒有得到回應的時刻，會激發我們產生「我不夠好」的體驗──屬於前文提到的羞恥感族譜下的一個類別，你可能會因此覺得「我是不重要的」、「我沒有足夠的吸引力」，當然，這樣的感覺很可能被憤怒、悲傷這類更容易接受的情感快速覆蓋，因為跟羞恥感待在一起太難受了。

約瑟夫·布爾戈談到，獲得愛和關注的渴望是人類的天性，如果養育者可以提供給我們所需要的愛和關注，那麼我們的期待就能透過這些經驗獲得回應和確認，內心就獲得了充分的養料。而獲得「無回應的愛」則是一種令人很痛苦的體驗，因為這種愛的背後並沒有真正的情感聯結，這種情感的失聯

我一點也不糟糕 建立價值感，我值得更好，我也很好

會引發羞恥感，它影響深遠。

一些有自戀問題或有成癮問題的父母，他們缺少愛的能力，生長於這類家庭的孩子長大後會比較容易在贏得這種愛的道路上掙扎，執著於證明自己的價值以彌補因為沒有獲得「有回應的愛」而產生的殘缺感。

贏得這種愛的一種重要途徑是看見我，欣賞我，為我鼓掌，但這往往會被阻斷，因為在日常的人際交往中，人們很少有耐心不斷地去回應一個人「自我求證式的索愛」，這類人反而會不斷地品嘗被忽視的疼痛。

而當久被忽視的人重新獲得關注時，即使轉向自己的目光是溫和的，有傷口的人也很容易被陌生而熱烈的「被看見」灼傷。

電影《芳華》裡有個片段，劉峰去精神病醫院看望何小萍，他不明白為什麼何小萍突然病得這麼重。醫生說，大白菜冬天放在室外不會壞，但突然被移進溫暖的室內，就可能會壞。他比喻的是一個人的精神狀態，長年處於冰冷無愛的關係中，雖然痛苦，但也習慣了，突然間，何小萍成了英雄、楷模，

被世人稱讚，那麼多人的目光「唰」地一下子看過來，她的內心承受不住就崩潰了。

我習慣在來訪者講第一句話前安靜地注視他們並等待。

這天和往常一樣，我看著湯姆坐下來，等他準備好開口。他和我目光短暫接觸了一秒就迅速瞥向別的方向，並低下了頭，好像在笑。他又瞟了我一眼，然後搖了搖頭，自嘲式地笑起來：「老師，你是不是想問我在笑什麼，呃，我其實看見你一直看著我，我有點……有點……」他似乎有些為難，猶豫要不要說。

我說：「好像我看著你，引起了你的一點不太容易描述或說得出口的感覺。」

湯姆抓了抓頭，彷彿下定決心似的又笑了，說：「就是你看著我，我就覺得我得趕快說點什麼，不能辜負你。然後我還在想我臉上是不是哪裡有問題，但又覺得還好啊，我今天洗臉了，出門也照了鏡子，但就是忍不住在想我是不是哪裡有問題，又想看看衣服穿得對不對……」

我問湯姆這種被「看著」的體驗怎麼樣。他沉默了一會兒，不笑了，說，還蠻複雜的。

　　「其實有點不好意思，還有點尷尬。有種要被穿透了的感覺……以前我不是說過我跟我爸講話時從來不看他嗎，後來我發現好像我說話的時候都很怕跟人有目光接觸……小時候有一次我在街上遇到我爸，我們迎面走近。我遠遠就看見他了，不敢叫他，正覺得害怕呢，結果，我爸好像沒看見我似的，就從我身邊走過去了。一直到現在，我也不確定他有沒有看見我。如果是我哥，就不會這樣。我哥很厲害，我爸有什麼事都是找他，但永遠也不會想到我。」

　　我點點頭，說：「這讓我想到剛才你說我一看你，你就有種要趕快講點什麼給我聽的壓力。」

　　「對！」湯姆一邊點頭一邊不好意思地笑了起來。

　　好像必須得藉著笑，來遮掩焦慮和尷尬，這也讓我想起他常說的一句話「伸手不打笑臉人」。

湯姆告訴我，爸爸的眼光總是聚焦在優秀、聰明的哥哥身上，對哥哥委以重任、寄予相當高的期待。跟父母對待哥哥的「精心雕琢」相比，湯姆就像是父母用邊角料隨手捏的泥娃娃，不被當回事。

　　哥哥確實也很優秀，個子高，五官俊朗，愛笑，熱心還嘴甜，考試成績永遠第一，難怪獲得了父母的偏愛，而湯姆則經常被忽視，連家裡的親戚也時常記不起這個「普通的」弟弟。

　　從懂事起，湯姆就知道自己是「差」的那一個，個子矮，眉眼普通。他渴望有一天自己能從爸爸眼裡看到他望向哥哥時才有的那種亮光，好像那種亮光能讓他的人生燦爛起來，不再是灰禿禿的。湯姆說，自己是在把收到五百強企業的工作邀請函告知爸爸那一刻才開始「存在」的。或者說，那一刻湯姆找到了存在的方式──做一個「有用」的人──精益求精。

　　心理學家詹姆斯・吉利根（James Gilligan）認為，就像身體沒有氧氣會死亡一樣，當內心不被愛時──無論這份愛來自本人還是他人，心也會死亡。父母的忽視，似乎在以最清楚的方式告訴孩子──我們不愛你。

　　那些與湯姆有相似經歷的人，就像何小萍一樣，渴望尋

找被愛的目光和證據，但當真的關注來臨時，他們又總是因為心底泛起的羞恥感，推開那些他們原本可以擁有和享受的愛和親密關係。

社交羞恥：當「不一樣」被當作不正常

羞恥感會令人想要封閉自己的內心，將自己與外界隔絕。同時，當我們發現自己被排除在一個群體之外時，這又會進一步激起我們的羞恥感。

一到過年，許多年輕人因為被親戚親切追問「談戀愛了嗎？什麼時候結婚啊？一個月賺多少錢啊？……」而感到頭痛。許多人都體驗過這種被一堆親戚包圍詢問的狀況，以及用他們的價值觀把你從頭到腳掃描一遍的尷尬和不自在，這既讓人憤怒、委屈，又讓人忍不住懷疑自己是否沒有按照「正常人」的軌跡發展。好像只要自己與他人不同，就不正常。

在校園霸凌中，孤立是一種很常見的手段，本身就在建立自我認同感的關鍵時期掙扎的青少年很可能因為被孤立而感到自己是一個失敗者，但他們其實並沒有做錯什麼，只是因為與群體中的其他人有那麼一點不同而已。在學校，有許多由於難以獲得群體歸屬感，也沒有得到足夠的支持去解決困境而本能地躲回家中的孩子（如厭學的孩子）。

我一點也不糟糕　建立價值感，我值得更好，我也很好

貝蒂記得從鄉下轉學到都市的明星小學的那一天。她起了個大早，穿上了自己最喜歡的那套運動服。姑姑幫貝蒂梳了個後馬尾，吃過早飯後送她去學校。

在校門口，姑姑笑著與她道別，還特意叮嚀她要聽老師的話。

進了教室，貝蒂被班導師安排坐在第一排，正面對著老師的講臺。她既興奮又好奇，跟以前的學校相比，現在的教室氣派了不少，同學們也個個都很有時尚感。課間，貝蒂看到講臺上放著一疊練習冊，歪歪斜斜的，她伸出手想把練習冊整理整齊，剛拿起第一本，下一節課的任課老師進來了，接著就是一聲呵斥：「把手放下，怎麼這麼沒規矩，你，就是你，新來的學生！」

貝蒂被嚇傻了，一動不敢動，連眼淚都沒來得及流。

很久以後，當貝蒂告訴我這段經歷時，嘴嘟得高高的，腮幫子鼓了起來，淚汪汪地，當時我們正在討論她因為擔心把諮商室裡的地毯踩髒了而把腳縮在地毯邊緣窄窄的一條縫裡。

「我怕你覺得我沒規矩，畢竟這裡是你的工作室。」說

著貝蒂又低頭看了一眼地毯，「而且你看它顏色很淺，如果踩髒了洗起來很麻煩。」

後來我們談到更多貝蒂在轉學後被排擠和孤立的經歷，即使她的成績越來越好，她也能感到自己不屬於這個群體。甚至她懷疑自己的成績越出色，其他女同學就越不跟她一起玩。在貝蒂的印象中，自己只懂得讀書，只有讀書這件事讓她得心應手，後來她考上了很不錯的大學，畢業後也找到了心儀的工作，她學會了打扮自己，看起來像大家眼中的「精緻白領」。

可是她從不跟同事們談論自己，特別是自己的家庭，父母都在務農這件事讓她覺得丟臉。她不想讓其他人知道自己是從鄉下來的，也討厭朋友們讚美她是「小鎮資優生」。甚至許多時候她刻意避開同事們的午餐邀請，寧願一個人孤獨地度過午休時光。在她的想像中，大家一定在背後竊竊私語議論她，學生時代那些痛苦的記憶似乎隨時會擾亂她的內心。

事實上，由於貝蒂總是拒絕同事們的邀約，漸漸地，她收到邀約的次數越來越少，然後貝蒂嘆了口氣：我和這個世

界總是格格不入。

有學者透過研究發現，在遭受群體孤立時，人們被啟動的大腦區域，與遭受生理疼痛時所啟動的大腦區域高度一致。這意味著，被群體拒絕的心痛，與生理上的疼痛區別不大。可是，相比容易說出口的頭痛、牙痛、手痛，羞恥感和低自尊引發的疼痛（心痛）卻難以啟齒。

當我們發現自己與一個群體中的人不同時，羞恥感很容易被喚起，使我們感到焦慮，可悲的是，由於先前受傷的經驗沒能被「處理」和「包紮」，對疼痛的害怕讓我們在還沒有發生被隔絕在外的事實前，就先把自己隔絕起來了──拒絕他人主動發起的邀請，來防禦可怕的羞恥感。如此又印證了一開始的假設──我是被孤立的那一個，因而陷入了惡性循環。

與貝蒂有相同體驗的人通常有社交焦慮，他們不敢讓真實的自己暴露於他人面前，他們害怕自己的「與眾不同」不能被接納，反而換來異樣的眼光。

然而，真正的親密關係只有在真實的土壤裡才能成長開

花。在關係中的兩個人，只有勇敢地向對方袒露真實的想法、情感，分享自然而然發生的細微體驗，瞭解真實的自己，也瞭解真實的另一半，袒露脆弱和勇敢，無助和果斷，親密關係才能被建立。

重要的是，這種袒露也需要有意識的準備和熱身——袒露方和接收方都需要做好心理準備，雙方有空間和時間去預測和期待可能會發生些什麼，來緩解「不確定感」引發的焦慮。

這就是為什麼親密關係裡的一方如果某天突然「被分手」，而之前從來沒有任何徵兆，會讓「被通知」的一方備受傷害，其中一部分痛苦就來源於這種「突然性」。這也是為什麼人類總是熱衷於研究預測各種災難（如颱風、地震）的方法，好讓我們能更早一點判斷出訊號，並採取可以保護自己的應對方法。

毫無徵兆的暴露，會給現場的所有目擊者帶來一定程度的衝擊，往往也會干擾旁觀者去承接暴露者的脆弱和羞恥感，無法給到他適當的心理支持和接納。因此，社交關係中的自我暴露和自我保護的「尺度」是值得我們去探索的。

完美主義——
成長路上的絆腳石
還是墊腳石

完美主義與完美主義拖延症

　　《不完美的禮物》（*The Gifts of Imperfection*）一書的作者布芮妮‧布朗（Brene Brown）說：「羞恥感是完美主義的聲音。」在完美主義者的內心深處，他們對自己的不完美有強烈的羞恥感，而他們之所以追求完美，很大一部分原因是為

了掩飾這種羞恥感。

當完美主義佔據了我們的認知和情感時，我們會試圖把一切都做得盡善盡美，這樣一來，我們似乎就可以把自身不完美的部分「消滅」，進而維持基本的自尊感。

然而，在建立健康水準的自尊的過程中，完美主義並不總是能為我們提供積極的力量，很多人都經歷過沮喪和挫敗的時刻——對完美的執著引發了劇烈的、令人難以承受的焦慮感，這反而妨礙了他們展開行動去向「完美」的自我理想靠近。於是，完美主義演變為「完美主義拖延症」。

「沒辦法，我是個完美主義者。」這句話你一定不陌生。

當你看著下週就要向客戶彙報的資料堆積成山，手頭又有一份緊急資料需要確認，而你已經連續忙碌了幾週，卻仍然覺得時間不夠用，你想暫時放下某些工作。或者，當你負責的案子接近截止日期，每次回顧時，你卻覺得這個地方可以再調整、那個細節可以再修正，進而導致專案整體進度的拖延。這時，你意識到自己有「拖延」的情況，並且很可能講出前面那句話，你認為是因為自己「追求完美」，而在不知不覺中出現拖延症的狀況。

心理學家將完美主義分為「積極完美主義」和「消極完美主義（神經症性完美主義）」兩類。二者的區別在於，前者追求完美，在事情做得不盡如人意時也會生氣，但起碼可以把事情做完。即使偶爾拖延，也不會超過最後期限。此外，他們能從自己的努力中獲得滿足感。後者則喜歡追求不切實際的目標，難以集中注意力且會在達不成目標時感到沮喪和自責，甚至會無限期拖延下去。

蘋果公司的創始人史蒂夫・賈伯斯（Steve Jobs），他總是對每件事都要求完美。在賈伯斯的自傳裡，當他與沃茲尼克（Wozniak）在車庫設計初代蘋果電腦 Apple-1 時，賈伯斯拿起一塊沃茲尼克燒好的電路板，指著上面的晶片說：「為什麼這兩塊晶片不對稱？難看死了！」

「反正電路板會放在塑膠盒裡，人們看不見，沒有人會在意它們對不對稱。」沃茲尼克說。

「我在意！」賈伯斯勃然大怒，他直接把電路板扔進了垃圾桶。「我要的是一塊一塊整齊對稱的晶片。」數十年後，蘋果公司成了世界上最有價值的公司之一。

蘋果公司的員工說，賈伯斯有一股「現實扭曲立場」，

一般人覺得不可能的事情，他總是有辦法實現。像賈伯斯那樣的完美主義者相信自己能達成目標，他們渴望成功，並且對成功抱有正面的想像。

在積極完美主義者的心理地圖裡，他們的自我價值感很高，他們在乎自己的感受，相信自己有能力做好每件事。即使失敗了，他們也不會過分在意他人的評價，他們相信能力是可以培養的。雖然這次失敗了，但只要能力提升了，下一次很可能會成功。

在消極完美主義者（完美主義適應不良者）的心理地圖裡，當表現不好時，適應不良者會覺得是自己不好，而不是事情沒做好，他們會因較低的自我價值感而產生很糟糕的情緒。

如果我們認為他人的評價比自我評價重要，情緒會很容易受他人影響，也容易拖延、缺乏自信、自我否定。過分在乎他人的評價，這是適應不良者常落入的陷阱。

所謂消極完美主義者，其核心癥結其實是焦慮。所以那些自稱「完美主義者」的拖延症患者，其實並不是積極完美主義者，而是「完美主義拖延者」。他們的焦慮來自不完美。

　　　　我一點也不糟糕　建立價值感，我值得更好，我也很好

他們對於工作、人際關係等事物抱有完美的要求，期望沒有任何瑕疵，一旦出現瑕疵，即使是很微小的瑕疵，他們也會有明顯且強烈的焦慮情緒。如果這種焦慮水準很高，那麼他們就不可避免地要滑向拖延了。

苛求完美及由此引發的焦慮，耗費了完美主義拖延者大量的心理資源，使他們沒有力氣做事，為了彌補這個巨大的差距，完美主義拖延者常見的防禦方式就是進入幻想世界，他們開始幻想：其實我很有能力，只是拖延而已，要是不拖延，這件事我能完成得很棒，而且完美無缺。我肯定不是沒有能力，我只是有些懶惰，我是不想做，只要我想做，就沒有什麼做不到的……

這種由於拖延導致工作不順利，繼而引發對自我的不滿和自我攻擊，於是透過幻想來迴避現實的心態，就是我們接下來要談論的「鴕鳥心態」。

鴕鳥心態：不面對就看不見

鴕鳥是什麼？

牠是一種能夠以每小時七十公里左右的速度狂奔的動物。在面對危險的時候，牠可以透過快速奔跑而逃離現場。而且，牠鋒利的爪子也具有一定的攻擊性，面對獅子、老虎這類兇猛野獸的捕捉也能不錯的防禦。

「鴕鳥心態」是什麼？

它與鴕鳥本身的攻擊力和防禦力正好相反。如果鴕鳥在遭遇危險的時候，把頭埋進沙子裡，遮蔽自己的視野便認為對方看不到自己，誤以為自己已經遠離了危險。最終的結果往往是牠們錯過了逃避危險的機會，讓兇猛野獸成功地將自己捕殺。

有一則寓言故事也可以說明這種現象，那就是「掩耳盜鈴」。小偷在偷鐘的時候，害怕鐘會發出聲音將其他人吸引過來，於是他選擇摀住自己的耳朵，認為自己聽不到鐘的聲音，其他人也聽不到。最終的結果則是他確實沒聽見鐘的聲音，但其他人聽見了，於是很快就抓住了他。

結合上面的描述，我們可以發現，「鴕鳥心態」是一種逃避現實的防禦心理。鴕鳥心態在心理學中又稱為「鴕鳥症候群」。在生活的各個領域中，我們經常能看到鴕鳥心態的各種表現。

在面臨人生重要關頭的時候，鴕鳥心態常常顯得更加明顯，比如很多平時表現優秀的人在考試這種關鍵時刻卻選擇迴避，面對難度適中的題目也會因焦慮而不願意思考，以至於不能安心答題，最終錯過了成功的機會。

在遭遇多次失敗後，很多人選擇更加努力並留心時機，以便再次獲得成功。但也有不少人在失敗後選擇「適應失敗」，這些人對成長逐漸持有默認放棄的態度，甚至浪費了自己多年的努力。

躲進幻想的成本看起來是非常低的，因為幻想不需要被現實檢驗。或者說，因為沒有全力以赴，所以躲進幻想的人不需要面對「就算努力了也還是做不好」的可能性，更不需要被迫承認自己是個普通人。

但實際上，躲進幻想的代價很高，如果一味沉浸在幻想中逃避現實，人們可能會因錯失解決問題的時機而使現實狀

況更糟糕。

然而，從另一個角度來說，在幻想中拖延就沒有一點價值嗎？不見得。在很多事情上，如果我們知道自己的行動會帶來負面後果，但又有內心衝動使我們忍不住想去做這件事。那麼，鴕鳥心態也不完全是不可取的。

米芾是宋代四大書法家之一，他一生都是一位清廉、紀律嚴明的官員。相傳米芾喜歡書畫，有個人因為有事相求，就刻意送來珍貴的書畫，這些畫在他家裡放了很多天，他連看都沒看，就吩咐僕人送回給主人。

僕人很困惑：你至少要打開它看看吧。米芾說：如果我不看，我還可以安慰自己它是假的。如果我看了，喜歡上這幅畫忍不住收了它，那不是毀了我的名聲嗎？米芾立志要做一位好官，但他深知自己抵抗賄賂的決心是不夠的，所以他乾脆利用了鴕鳥心態──沒有看到就動不了貪念。他對貪婪的防禦也許並不高明，卻有一定效果。

雖然停留在幻想中會在一些時候讓我們不必面對殘酷的

現實，但你或許已經明白，沉溺幻想是不可能維持自尊的。它只是安慰劑。真正能提升自尊的方式，既不是幻想自己可以完全實現理想自我，絲毫不允許自己犯錯或失敗，也不是自怨自艾，放棄行動。而是在認清理想自我與現實自我之間的差距後，透過一步一個腳印的努力，逐漸靠近目標。

理想自我與現實自我之間的差距

「我不只是我」，這句話並不難理解，「我」是一個整體，這個整體包含理想自我和現實自我兩部分。

理想自我是如此完美，如此令人嚮往，當理想自我使人難以觸及時，我們就很容易產生羞恥、內疚等情緒，這些情緒勢必影響到現實自我的發展。理想自我與現實自我之間的差距越大，我們就越是不敢面對現實自我。

使現實自我發展成理想自我，這是每個人的夙願。美國心理學家卡爾·羅傑斯（Carl Rogers）指出，每個人的心中都有一個理想自我，但大多數人發現自己與理想自我不匹配。理想自我和現實自我越接近，我們對自己的認同感就越高。這意味著，協調和平衡理想自我和現實自我之間的差距，是一個人自信、自尊、自愛的基底。

羅傑斯認為，每個人都有內驅力，他將這種動力稱為自我實現趨勢。羅傑斯認為，充分發揮自身潛能的人，有以下核心能力：

　　我一點也不糟糕　建立價值感，我值得更好，我也很好

- 用開放心態接納自己的經歷
- 活在當下
- 相信自己
- 有效地運用自由
- 有創造力

　　羅傑斯認為，實現理想自我需要建立在具備上述五種能力的基礎上。但很多人沒有耐心去提升自己的能力，反而希望透過塑造一個「虛假人設」來獲得良好的感覺。

　　隨著網際網路的發展，越來越多的年輕人透過虛擬平臺把「虛假人設」和理想自我緊密黏在一起。這意味著，他們在遊戲、社群平臺上塑造的形象與現實不相符，甚至與現實背道而馳。待在虛擬空間裡的時間越久，他們就越難回到現實，越難與真實的生活和真實的自己相處，他們的理想自我和現實自我之間的差距會越來越大。

　　在遊戲中，有些人可以玩到最高等級，被其他人稱為「遊戲大神」，然而，人們不知道的是，他們可能荒廢了大學四年的時間，沒有看過一篇論文，考試沒掛科的科目屈指可數。

在獲得網友的讚揚的過程中，他們逐漸忘記了現實中的失敗，將虛假人設和理想自我擺在比現實自我更重要的位置。直至在畢業後求職時，他們才發現自己連面試資格都沒有，職業電競選手的條件更是難以滿足，現實生活帶來的打擊使他們越來越無法面對現實。

美國心理學家威廉・詹姆斯（William James）把自尊定義為：自身的價值感。他認為，個人價值感取決於一個人能否實現自己立下的目標。但影響人們實現目標的因素，除了在現實層面付諸行動外，還取決於他們立下的目標是否考慮到了他們真實的能力水準。否則，如果立下的目標是不切實際的，那麼他們只會像第五章中提到的玫瑰一樣，越努力，越焦慮，越努力，越不自信。

追求完美不是件壞事，但前提是你要認識自己，並給自己成長的時間。

Part 3

重建自尊：
開放、接納、專注

重建自尊的本質是學會愛自己，愛自己可以讓我們的生活抵達一個新的幸福水準。

　　我們向外尋找愛，是因為兒時熟悉這種尋找愛的方式。事實上，獲得愛的前提是愛自己。假如你依賴於別人給予的關愛，那麼，無論獲得來自另一個人的多少關愛都不會讓你完全滿足。

　　但是，如何才能學會愛自己，過上讓自己舒服的生活呢？答案在於向內探尋，並且不斷練習「愛自己」這件事情，其努力程度就像你努力考試、論文口試、工作面試一樣。愛完整的自己，你才能學會對自己好，並在此過程中成為一個更好的人。

7

失敗
教會了你什麼

失敗是努力的證據

　　失敗是什麼？它可能是被公司裁員，可能是經濟上遭遇
窘迫，可能是在親密關係裡被人拋棄，可能是暴飲暴食破壞
了減肥計畫，可能是已經很努力了卻還是輸在了重要的一步
上……

想把事情做好是人之常情。當把一件事做成時，我們會體驗到極大的愉悅感和滿足感。而一旦一件事做不成，我們就會感到失望、沮喪，甚至會感到理想破滅了。

比起失敗，我們更願意談論如何獲得成功。如果不得不談論失敗，那麼大概也是會談論「如何避免失敗」。也就是說，失敗是很多人千方百計想要避免的。悖論在於，假如不允許失敗存在，很大的機率你也沒辦法迎接成功的到來。因為，從本質上來講，我們都是一邊失敗，一邊學會如何成功，一邊慢慢變好。

最重要的一點是，如果你失敗了，潛在的事實是你一定努力過。失敗意味著你鼓起勇氣去做了一件不容易的事。失敗的結果會告訴你什麼是有效的、什麼是無效的。

在我學習心理諮商的頭幾年，我總忍不住問我的督導師：「我可以這樣嗎？我可以那樣嗎？」她也總是微笑地看著我：「為什麼不呢？」我回應道：「我有些擔憂，要是沒有用就糟糕了……」、「哦，親愛的，那意味著你將會得到寶貴的經驗——此路不通，你需要嘗試別的路。」

那時的我忍不住懷疑我的督導師是不是過分樂觀或對我

的期望太高了，多年以後我才逐漸意識到，真正讓一個人獲得成長的不是找到「對」的方法，而是不放棄嘗試的努力。

如果心理諮商師誤解了來訪者，很自然地，他希望來訪者能幫助他重新找到正確理解來訪者的道路。這時，心理諮商師從來訪者那裡尋求「靈感」，來幫助自己正確地理解對方，這也恰恰是來訪者受到鼓勵的時刻：他們發現可以從自己所犯的錯誤中學習，並從心理諮商師不願意放棄的態度中找到靈感。

你看，一次失敗可以使我們意識到自己很可能需要以不同的方式去處理事情。

如果一種方法沒有用，嘗試不同的、更有創意的方法可能是答案。所謂「失敗」，其實是我們一直在努力、一直在嘗試、一直在學習的證據。

我一點也不糟糕　建立價值感，我值得更好，我也很好

聆聽每一次行動的回聲

想像失敗是我們每一次行動的回聲,靜靜聆聽,你可能會聽到什麼?

美國麻塞諸塞州的一所設計學院曾舉辦了一個展覽,叫作「允許失敗」(permission of fail)。它的特色是展示藝術家的「失敗」和「混亂」,這些看起來的失敗和混亂都被彙集到一起,創造了一個無與倫比的、美麗的展覽。舉辦方的初衷是想讓人們瞭解,即使是「失敗」,也可以被創造性地轉化為「成功」。

失敗是生活中的必修課,它能夠幫助我們看到我們所不瞭解的自己。搞砸了的案子、破碎的關係,讓我們瞭解了什麼對自己才是重要的,我們如何學習,以及如何成長。這是一個真正的自我探索過程。這需要一些責任感,即透過自我反思來承認我們所認識到的錯誤並汲取教訓。

比如,當你因晉升不順利而感到沮喪時,你不一定需要和主管談話,但你可以反思,你是否可以承擔更多的工作責任,

在下一次晉升機會到來前設定一個目標，或者是更努力地讓自己的成績和表現被主管看見。

再比如，如果是戀愛分手，除了自我反思以外，你可能還需要向關係裡的另一方發起更多的溝通，這能幫助你瞭解你們是如何相互影響的，對方的哪些特質吸引了你，哪些特質讓你無法忍受，哪些互動是出乎意料的。這些「回饋」能幫助你瞭解自己的需求和痛苦。也許你可以向受到影響的另一方承認自己的責任，這能幫助你意識到在開始下一段戀情前，你需要獲得哪些成長。

當第三章中提到的約翰把目光從「如何交到女朋友並成功結婚」這項任務轉向自我探索時，也就是探索我理想的戀愛是什麼樣的，我希望在戀愛中和對方分享什麼，我對什麼感興趣，對我來說，對方如何對待我能讓我體驗到被愛和關心，我又是以哪些方式向對方表達愛和信任的時候，他學會的是「和自己談戀愛」。當他真正體驗到對自己好奇、感興趣時，他就會與自己隨時隨地有「說不完」的話：我今天開心嗎？我遇到了什麼好玩的事情？主管對我說的話讓我感到焦慮，我體驗到了什麼？

然後有一天，當約翰遇到了心儀的女孩，對話中的「我」換成了「你」：你今天開心嗎？今天工作忙嗎？你喜歡中餐還是西餐？經過和自己「談戀愛」的過程，他明白了，談戀愛意味著和另一個人建立一段親密關係，意味著彼此相互交流，相互瞭解，分享彼此的興趣、想法、情感。而這就是將失敗轉化為自我反思及自我探索的意義。

持續學習始於接受「我不懂」

　　很多人的「學習」停留在行動層面上，如報在職專班、考各種專業證書，可是在上了課和拿到證書後，這些好像只是緩解了他們對於「自己不夠好」這件事的焦慮，並沒有給他們的生活帶來真正的改變。

　　這些人對培訓機構新推出的任何課程都會非常心動，那些「半年速成、三個月月入三十萬」的海報總是迅速擊中他們內在始終彌漫著的緊迫感。各種速成班會讓人產生一種錯覺：我可以在短時間內花很小的代價就能獲得巨大的改變和成長。

　　當心裡的感受是：「我不夠好」、「我不夠優秀」、「我太懶了」、「我得更努力一點」時，我們就會本能地做出一些行動來轉移和緩解這種壓力，但這種行動通常只浮於表面。這就像很多人把買的書擺在書架上當裝飾品一樣，只是用表面上的這種動作掩蓋他們內心認為自己不夠好所帶來的焦慮。這通常並不能得到真正的學習效果。

　　　　我一點也不糟糕　建立價值感，我值得更好，我也很好

真正的學習是什麼樣的？這個過程通常包括兩個層面。

第一，要打心底裡去接納「我不懂」這件事。

然後，我們需要投入其中，花時間去學、去體驗，這個過程是辛苦的、單調的，甚至是無聊的。也就是說，真正的學習意味著，我們在觸碰和面對一種感受：「噢，原來這個我不知道」、「噢，原來我真的沒那麼優秀」。

我們需要面對「我有不足」這件事。我們會不斷地面臨這件事帶來的沮喪感、失望感、悲傷感和對自己的憤怒，但這是成長的一部分。

我們需要接受改變的發生是一個慢長的過程，在你肉眼可見自己發生改變前，你很可能會失去耐心，覺得很鬱悶：怎麼我努力了這麼久還沒有成功。但有這種感受是正常的。

就像前文中提及的從小不被允許犯錯的孩子，好奇心就會被壓制。好奇心讓你能問出「為什麼」，但要有這樣的好奇心，源頭還是在於接受「我不懂」這個事實。當問出的「為什麼」沒有得到恰當的回饋時，一些人可能會漸漸從中學會一件事──我最好不要讓別人知道我不懂。

不敢讓別人知道「我不懂」其實是一件很可怕的事。

一位來訪者對我說，他不喜歡在教室裡上課，更喜歡在家上網課，而且這種喜惡已經嚴重影響到了他的學業。在我們的交流中，我得知每當他坐在教室裡，他都會感到非常焦慮，焦慮什麼呢？如果教授講的東西他聽不懂，他不敢提問，因此他對這種「現場教學」感到很不安。但如果是面對螢幕，他則可以透過看重播或聽錄音把不懂的地方弄清楚。他說：「如果大家都懂，就我一個人不懂，那多難為情。」

這位來訪者在一次小組討論中不敢提問後，不懂的內容越來越多，在作業階段，大家都是預設組員清楚作業內容和目標，可以分別完成各自的任務。而他卻因為不清楚自己的作業怎麼完成而焦慮不已。但是進行到這個階段，他更不敢提問了，因為在此時提問，他可能會受到額外的責備，那就是「你怎麼不早問呢？」

在害怕和焦慮之下，他感到非常羞愧，以至於他開始透過裝病來逃避任務，不參加團體作業，這進一步導致了其他組員不得不在截止日期前花費大量的精力去彌補他的部分，這無疑也影響到了作業的整體品質，並讓全體組員沒有取得

我一點也不糟糕　建立價值感，我值得更好，我也很好

理想的成績。這反過來又大大加重了這位來訪者的內疚和自責，讓他不敢面對其他組員，不敢承擔自己的責任向他們道歉請求諒解，最終因此休學。

在這個例子中，我們瞭解到的是，如果你不能接受自己有不足的事實，真正的學習是無法進行的。只要學習，就會引發內心責備，這幾乎是不可避免的過程。我們內心對自己的批評諸如「我為什麼不是一聽就懂、不能一做就做得十分完美」。所以，我們需要接受「我不懂」這件事，如果發現有不懂，恰恰是因為你在好奇。

第二，真正的學習需要付諸行動，持續練習，相信時間是自己的朋友，等待量變引起質變。

我想跟你分享我學吉他的過程。我開始學吉他是因為我覺得這件事很有趣，但是當我的手指無法按照我的意志去行動，練和絃時怎麼都彈不出好聽的聲音時，我就會很煩躁、畏難。我理性上也明白持續練習才能進步，但是焦慮讓我感到不安，我會不斷地在腦海裡問自己：「我這樣練，真的會有結果嗎？」

我在和我的分析師（心理諮商師）討論這件事的時候，他說：「這就是學習的快樂，但是你好像沒有辦法體會這種快樂。」我承認他說得對，因為每當我的手指不聽話的時候，我都很沮喪，覺得自己很笨。但他告訴我，我之所以沮喪是因為我有一種幻想，好像自己根本不用學，就應該會彈，並且能彈得很好。

我覺得我的分析師的話很有道理。後來我持續練習了一週，每天彈 10 ～ 15 分鐘，還會錄下來重覆聽，中間可能時不時會出現一兩段好聽的旋律。如此，過了一週，神奇的事情發生了，當我再次拿起吉他時，我突然覺得彈得很順手，並獲得了一種自我滿足感和自我效能感，也對練習和學習的過程產生了信心。

透過這個例子，我想強調的是，在學習的過程中，你一定會有一種焦慮，疑惑「究竟還要練多久、學多久才能把這件事學會」。在這種焦慮之下，你很可能會停止練習、放棄行動。而我們對自己的滿意感及對知識和經驗的吸收，正是在背一個個單字，練一個個和絃的過程中產生的，「做好」的前提是我們先「去做」。

把握當下：「去做」先於「做好」

很多朋友跟我講，「如果我當時有寫郵件……」、「如果我當時不做這個決定……」、「如果我當時跟他們講就這樣做，就不是現在這個結果了」等等。

但是，人生沒有如果。

沒有如果的意思是，在當時那種情況下，你基於自己所擁有的資源和資訊做出一個決定，你做出的決定是自己在當時能做出的最佳決定。每個時間點都會有一個不一樣的最佳決定，但這是不可比較的。

「如果……」是一個幻想，這個幻想是我們用來幫助自己去應對我們不想接受的狀況——事情結果可能與我們的期待不一樣，甚至可能是一個失敗或錯誤的結果。當一些人需要面對喪失時，就常常會用這個句式開頭，來責備自己。

我們不是預言家，也不夠全能，這是人的局限。因此，我們永遠只能夠活在當下，而當下就是最好。

如果我們不能夠接受當下就是最好，會永遠想去追求更好，進而失去了和當下在一起的機會。焦慮就是我們不能夠活在當下的訊號。焦慮的人，要麼懊惱過去，要麼擔憂未來。

我想起自己第一次學習正念的經歷，我在那次正念練習中感覺很好，進入到了一種非常放鬆、非常平靜的狀態。

在獲得了那種好的感覺以後，我在下一次練習時就很想複製那一次的感覺，但總是事與願違。後來我和正念老師聊到我無法重遇好的感覺這件事，我的老師說，「這是因為你執著於過去，每一次練習你都有可能獲得一種不錯的體驗，但你永遠無法獲得與昨天一樣的體驗。」

那次學習正念的經歷讓我明白了一個道理：我的一部分焦慮源於那種好的感覺已經過去了，我還捨不得和它說再見，還想再重溫那種好的感覺，我想抓住它。我不想哀悼那段逝去的時光，這阻礙了我在今天做正念練習時獲得還不錯的體驗的機會。

我們需要甘願接受喪失與遺憾，並與過去告別。如果我們接受了當下就是最好，就能夠把握當下，把力量集中於當下，做事時就不會執著於得到好結果，即便結果不如預期也沒關

係，因為我們努力了。

　　「去做」是「做好」的基礎，希望你也能勇敢行動，追求
自己所想。

練習 **把失敗轉化為一次學習機會**

　　有很多原因會導致你認為自己很失敗。失敗帶給我們的難以消化的部分通常是負面感覺，這些負面感覺通常都與我們對「自己是個怎樣的人」的評價有關，比如你發現自己總是會想，「我永遠是個失敗者」、「我不可能變好了」、「別人不會再相信我了」……，失敗讓我們感覺很糟糕，這很正常。你不必將責任全都歸咎於自己，過於無助、沮喪的情緒不利於你從失敗的漩渦裡走出來，並從失敗中汲取寶貴的經驗。

　　轉化失敗的關鍵是實事求是地回顧整件事的歷程，從內、外兩部分汲取經驗和教訓。試著完成下頁的「失敗學習轉化表」，思考表格左邊的問題，將答案寫在右邊的空白處。請用第三人稱來完成思考的部分，例如，問「約翰為什麼失敗了」而不是「我為什麼失敗了」。雖然這辦法聽起來老派，但是很有用。當你用「自我疏遠」的視角來討論困難事件時，會更加理解自己的反應，而且會體驗到相對少一些的壓力和情緒困擾。

失敗學習轉化表	
日期	
用第三人稱來回顧整個事件的經過	
失敗的部分是什麼	
做得不錯的部分是什麼	
失敗的原因（外部／內部）	
如果再一次嘗試，會在哪些具體時間點採用不一樣的方法，具體有哪些方法	
學到了什麼	
假如有機會公開分享失敗經驗（用於他人的學習），會怎麼來講述	

8

成為
勇敢愛自己的人

允許自己去愛和被愛

　　老年人經常說的一句話是，沒有吃不了的苦，只有享不了的福。小時候我對此滿心疑惑，還有享不了福的人嗎？誰會愛吃苦呢？

　　在我做了十多年諮商工作，聽過許許多多「享不了福」

的故事後，我開始理解一件事，沒有人在意識層面願意受苦，但他們的確一直在吃各種苦，並且在可以享福的時候，無端地、詭異地錯過或搞砸讓生命可以多彩、愉悅的機會。其中一個重要的原因是，他們內心始終揮之不去的「不配感」。

當一個人無法理直氣壯地認為自己應該得到快樂和愛時，或者說，當一個人認為快樂和愛需要被允許時，他就是在懷疑和否定生命與生俱來的權力：去愛和被愛。

「生而為人，我很抱歉。」這句話經常被年輕人引用。這句話讓人感到很悲傷，生命如果需要抱歉，這份沉重的內疚和羞恥將會壓得這朵生命之花無法綻放——彷彿綻放是有罪的。

我們的父母可能會因為各種內外部的困難和阻礙而產生心理創傷，他們的生命也不是自由舒展的，在養育孩子的過程中，他們的內心可能會存在很多衝突，我們是他們的後代，不可能完全阻絕這部分帶來的影響。

事實上，很多人都相信，沒有父母會不愛自己的孩子，但是很多父母愛孩子的方式，的確可能給孩子帶來傷害。

比如一些過於自戀的父母，他們希望自己的孩子完全按照自己期望的「範本」成長，如必須考上名牌大學、必須就讀指定的科系、不能結交某類朋友等。這種教養方式很可能會毀掉孩子的內在生命力。

這就好比一棵樹，只要給它適當的水和陽光，給它適合的土壤，它就會茁壯地生長。但如果你每天都在掰它的枝幹，想控制它的生長方向，過度修剪它的枝條，反而會破壞它自然而然的生命力。

同樣，父母對孩子的過度干預會給孩子帶來一種感受──不管我怎麼做，都不能讓父母滿意，進而會覺得自己很糟糕，內在的價值感就會很微弱。

還記得麥克的故事嗎？他被父母期待成為高學歷知識分子，如果寫小說，就會受到父母的責備和貶低。這樣的早期經歷導致他在人際關係中產生了問題：他不相信有人會因為「他是他」而喜歡他，他認為他必須做一些什麼，滿足對方的一些願望，才能被對方喜歡，這樣做的同時，他又時常懷疑對方是否在利用自己，把自己當成一個工具人，而這種內心的衝突，追根究柢，是麥克微弱的內在價值感在作祟。

我在前文中談到真我和假我的概念。人們常說，孩子是不會撒謊的。「我要吃這個東西」、「你是壞媽媽」……他想什麼就說什麼，這就是真我。

而假我也可以被稱為「理想化自我」或「社交自我」，是我們為了適應社會而發展出的一種自我功能。當假我與真我發生極端「分裂」時，一個人就會懷疑真實的自己是否值得被愛。

從這個角度來講，我認為一個人要想學會愛自己至少要滿足兩方面的需要：

1. 他需要充分地瞭解自己，並且自我的不同層面是被他自己所接受的。
2. 他需要體驗到，在某種親密關係中，有人是可以接受他全部的樣子的，也就是他的真我和假我可以整合。

所謂愛自己，獲得「生而為人我很自豪」的感覺，應該是不論我化妝與否、穿著精緻與否……我都覺得自己是夠好的，是不錯的。在親密關係中，則表現為不論我今天是什麼樣子，什麼狀態，我都是值得被愛的。

事實上，「愛」這件事是不需要努力的，就像出生這件事，你沒有做任何的努力就被孕育，並被帶到這個世界上。只是很多時候，有許多困難阻礙了我們感受到這份愛的存在。

愛，無法透過控制與討好獲得

很多人在親密關係中這樣尋求愛的證據：他們希望伴侶完全按照他們的要求去做。

例如，我的一位朋友，當她心情不好時，就會打電話給她老公，不論她老公正在做什麼，她都要求老公在接到電話後立刻回家。如果老公回家了，她會非常高興，但同時也很內疚，因為她覺得自己提出了一個很無理取鬧的要求，給老公添麻煩了。

她的控制是因為她不相信自己配得到愛，但是她又渴望透過得到愛來證明自己存在的意義。所以她會一次次用各種要求讓老公向自己證明這份愛，但心裡又矛盾地認為自己沒有資格「讓老公如此用力地愛我」，進而產生羞愧感和負罪感。

她之所以如此，是因為她在小時候就是嚴格按照父母的要求長大的。例如，她爸爸要求她聽話，她就會聽話；老師要求她考名牌大學，她就會努力考名牌大學。

她不敢不聽話，因為她認為如果不聽話，她的父母和老師就不會喜歡她，她所獲得的愛都是有條件的。所以她不會覺得父母和老師的要求是出於他們對自己的愛，也不會認為自己的順從是出於自己對他們的愛。

她體驗到的是：不做是不行的。「如果我不做，我就可能會被打、被罰、寫悔過書、沒飯吃⋯⋯」所以她學會的是一種扭曲的愛，也就是只會透過控制向他人索取愛，而不能感覺到自己的存在本身就是有價值的。

還有一些人，他們同樣只學會了扭曲的愛，但他們不會直接控制他人，而是透過「討好」的方式來避免糟糕的體驗。

整體來說，情緒可以分為舒服的和不舒服的兩種，通常我們更願意接觸和呈現更積極、更快樂的一面，因為我們並不喜歡悲傷、憤怒、挫敗、沮喪的感覺，不想啟動內心的這一面。這樣做無可厚非，但很多人走向了一個極端，他們為了避免面對某種狀態，或因拒絕承認某種需求刻意表現出「全好」的一面。

舉個例子，假如有個男人的媽媽很吝嗇，他從小就在要

零用錢的時候感受到媽媽的不情願，他會覺得自己帶給媽媽困擾了。另外，媽媽的吝嗇會讓他感到自己沒有價值、不被愛，所以他會產生憤怒情緒。

他可能會告訴自己一定不要成為這樣的人，之後，在與人相處的時候，他會刻意表現得非常大方，如主動買單等。如果有朋友提議費用均攤，他會突然覺得這個朋友非常吝嗇。其實他並不是討厭朋友的這一部分，而是討厭過去他和媽媽之間的互動體驗。

在這個例子中，假我就是那個慷慨大方的「我」，是這個人想要成為的那個「更好的我」，但這種假我是與他的真實感受相違背的。因為他的真我中也有認同媽媽的部分，即認同「賺錢是辛苦的」、「花錢不能大手大腳」、「要學會存錢」這一部分，但因為小時候的痛苦體驗，他非常不願意承認自己有與媽媽同樣的特質，因此他只能以一種極端的假我的外殼去與外界打交道。這樣，「真實的我」和「更好的我」就在不知不覺中被割裂和對立了。

長大後，這個人可能會對自己非常吝嗇，卻對他人非常大方，儘管這可能會讓他痛苦，但他就是做不到對自己大方。這

也表示，內心對自己的存在有羞愧感的人，很多時候都會把愛自己的那部分能量和目光投注在他人身上，他們總是會對其他人，或者是寵物，表現得非常非常愛，但他們在表達這種愛的時候，會有內在幻想：渴望對方以同樣的方式和程度來愛他們，因為他們做不到直接將愛的能量投注在自己身上。

　　而如果他們一直在「討好」他人，他人卻總是不用同樣的愛來回應他們，他們就會感到非常憤怒，因為他們的羞恥感讓他們無法理直氣壯地表達：我想讓你來愛我。

自我關懷的程式碼，可以重新寫

　　現代神經科學研究顯示，嬰兒在出生前四個月，就已經開始為降臨到這個世界做準備，其中就包括透過與媽媽的聲音、氣味等進行一系列互動，來幫助嬰兒組織內在的混亂感覺和外界給他的刺激，這對嬰兒的神經系統的發展影響很大。比如，當嬰兒餓了，他會用哭泣或扭動身體來試圖引起媽媽的注意力，吸引媽媽查看自己哪裡不舒服。

　　如果媽媽能比較準確和及時地識別出孩子的需求並提供滿足，孩子的神經系統中就留下了標記，即留下了一個「這樣做會有用」的印象。

　　反之，如果媽媽沒有回應孩子的哭泣，或者總是判斷錯誤孩子的需求，慢慢地，孩子的神經系統中就會記錄下這樣一個腳本——這個世界很可怕，我餓的時候想要獲得幫助是很難的。之後，就可能會形成一個惡性循環，當下一次孩子需要幫助時，就不敢向媽媽表達了。因為在他的認知中，這很危險，可能會讓他受到更大的打擊，「與其我花這麼大的力氣去表達還得不到回應，不如算了。」

當這類人發展到成年階段時，就非常容易形成一種現象：儘管這類人身邊有伴侶、有家人、有朋友，但他們依然覺得自己很孤獨，當被問到為什麼不向周遭的人分享想法時，他們通常會說「現在已經不想說了，他們聽不懂」。

如果有人問，「那是對方給了什麼樣的反應讓你覺得他們聽不懂呢？」

這類人可能會回答：「也沒有什麼奇怪的反應，我其實並沒有和他們說我的想法，我只是覺得可能沒有人會懂我。」

其實當他們說「他們聽不懂」時，這個「不懂」包含兩層含義：第一，他們曾經表達過，但是媽媽（養育者）沒有及時、準確地理解；第二，從過去的經驗出發，他們認為自己說了也是白說，他們心裡想要的是自己一說對方就懂，甚至是自己還沒說對方就能懂。需要注意的是，關係中的理解是一個互相學習的過程。如果想要對方理解自己，你需要和對方一起做很多的努力和嘗試，不斷地溝通，「是這樣嗎」、「我是這樣想的」，透過類似的交流，來持續地對雙方的想法和感受進行澄清、確認、核對。

這個嘗試的過程需要一些勇氣。在生命的一開始這是一種本能，一種想要表達需求的本能，就像嬰兒餓了就會哭，

我一點也不糟糕　建立價值感，我值得更好，我也很好

只是在長大的過程中，我們學會了忍住不哭。甚至覺得表達需求非但沒有用，還會因為需求得不到滿足和回應而感到憤怒和悲傷，這讓我們後來不敢、不願、沒有勇氣再表達和發出訊號，關閉了對世界表達的視窗。

幾乎所有來諮商的來訪者，他們來諮商室的行為就已經表達了他們需要幫助的願望。但是我卻經常遇到來訪者這樣開始對話：「嗯⋯⋯好像沒有什麼要說的，我不知道說什麼。老師，你問我吧。」

其實他們當然有想說的，只是在他們的經驗裡，一是不知道如何表達，二是覺得說了也沒用。他們通常會有這樣的心聲，「如果我付出了很大的努力，對方卻聽不懂，我會很憤怒，所以我要假裝沒有期望，才能避免體驗到失望」。

自己不說，卻希望讓對方看出來並替自己表達出需求，這其實是一種被保留下來的、來自生命早期的嬰兒式願望。嬰兒是沒辦法說的，但為什麼成年人也會「說不出來」呢？

首先，是因為他們自身的表達能力沒有得到發展，再加上環境和對象不適合表達，或是沒有人給他們回應，讓他們害怕表達，越不表達，就越不會表達，最終停留在只能使用

像嬰兒一樣的表達方式的階段；其次，要表達，就需要辨別出自己的需求。

　　嬰兒在媽媽的回應中，慢慢明白什麼是餓、什麼是無聊、什麼是便意，逐漸建立起這種聯結。所以，我們是在與他人的互動中，慢慢學會我們的需求是什麼、我們的感受是什麼。

　　如果沒有經歷過這樣被悉心養育、被教育的過程，我們的情感發育會呈現出簡單和極端的特質（並不是貶義）。就像孩子在看電影時會問「這個人是好人還是壞人？」，這種問題意味著他還處在只能區分好與壞、愛與恨的發育階段，即情感分化程度較低，層次較少的發育階段。情感的分化就像現代的工業革命帶來了產品的精細化，帶來了更高級的發展，使情感變得更細緻了。

　　情感的分化過程是這樣的，你說你愛我，是什麼樣的愛？欣賞、喜歡、還是依賴？你說你悲傷，是什麼樣的悲傷？尷尬、氣餒、還是挫敗？情緒是需要學習和命名的，情緒的背後是需求。一個人只有能準確地辨別自己的情緒和需求，才能將其精準地表達出來，否則情緒和需求就會像茶壺裡的湯圓，怎麼也倒不出來。

的確，在和父母相處的過程中，我們被對待的方式（無論被回應還是被忽視）大大影響了我們對於愛他人和愛自己這件事的認知與行為模式。我們在小時候就像是一個空白的「硬碟」，我們的父母、養育者就像是第一批往這個硬碟裡寫程式碼的人，當然我們也會自帶一些「出廠設置」，也就是先天的基因，這些共同形成了我們的「底層代碼」。在成年以後，我們需要重新學習和確認自己的底層代碼裡都寫了些什麼，這是不容易的，因為底層代碼通常是自動化運行的。

　　可能很多人會說：那我怎麼辦？我也知道我不會表達，我不夠愛自己，但是我小時候我父母就沒有好好地幫我去命名需求，也沒有好好地愛過我。

　　他們其實是在講：我的底層代碼就是這個樣子。可是，一個人成年後的發展恰好就在於我們要學習自我養育，也就是要學著做自己的程式設計師。我們要檢查和修復自己的問題，先檢查我們的底層代碼是什麼，然後思考可以在哪裡寫一些新的程式碼。雖然我們並不能刪除底層代碼，但可以寫入一些新的東西，可以修補它。

自我價值感是可以累積的

　　低自尊的人需要透過做一些小事來愛自己，但很多人往往並不知道什麼是真正的愛自己。例如，如果我對來訪者說，「嗯，聽起來你好像並不怎麼愛自己。」他們通常都會說：「我還不夠愛自己嗎？老師，你知道嗎？我去年買了三個包包給自己。我對自己花錢從來不設限，我想買什麼就買什麼。我覺得我已經很愛自己了，有時候我都覺得我是不是太愛自己了。」

　　很多人對於愛自己有一種誤解，以為在自己身上花錢，就是愛自己，他們覺得「我擁有的越多，我就越好」。這種誤解源於他們內在有匱乏感。然而，如果一個人內在有匱乏感，即使擁有再多的東西，也不足以讓他們感到滿足。

　　有個好笑又心酸的故事，一次，我的一位來訪者對我說，「老師，我今天有點不舒服，一直拉肚子。可能是因為我吃了不新鮮的西瓜。」我覺得很奇怪，於是問他，為什麼要吃這樣的西瓜。

「啊，因為那個西瓜快要壞了，如果把它丟了，我會覺得很浪費，而且老師，我覺得現在西瓜也不好買，所以想了想，我就把那個快要壞了的西瓜吃了。」

我說：「我在想，你好像忽略了一個事實，如果你因為吃了不新鮮的西瓜得了急性腸胃炎，或者是你的腸胃出現了更嚴重的問題的話，你可能會付出更大的代價。」

「嗯，我當時沒想到這些，只是覺得如果丟了這個西瓜的話，我會遭天譴。」

我說：「可是你現在拉肚子了，反而讓我覺得你好像是在懲罰自己。」

然後他就笑了，說：「真的，你沒有這樣說的時候，我真的沒有想過我是在懲罰自己。你知道嗎？今天早上我還在跟我朋友講，我每天都在吃過期麵包，我都吃了十天了。早上我才突然意識到，如果從十天之前就開始吃在有效期內的麵包的話，我不是就不用吃這麼多天過期麵包了嗎！」

他哈哈大笑，隨即又有點難過，他說：「我忽然意識到我買了這麼多東西給自己，可是到現在為止還沒有吃過一次新鮮的。」

雖然這位來訪者擁有那麼多，但是這好像對他內在的那種「我不配」的感覺一點幫助都沒有。

因為「買東西」或「尋求物質滿足」本質上還是在愛「好的自己」，而不是愛真實的自己。自我價值感這個東西，從某種意義上來講，我認為它永遠是關於自己如何與內在最真實的部分相處。

自我價值感是可以累積的。這種累積意味著你要學會愛你臉上冒出來的痘痘，你要學會愛你臉上爬出來的細紋，你要學會愛做簡報的時候又忘記了寫關鍵資訊的自己，你要學會愛早上匆匆忙忙錯過了一班車，很努力但睡眼惺忪趕到辦公室的自己……簡單來說，你每一天能不能做一件很小的、發生在你身上的，但同時讓你覺得你在努力愛自己的事。

很多時候，「愛自己」意味著我們要對自己有一顆慈悲心。但是很多人對待自己就像一個馬戲團的馴獸員，不停地拿皮鞭鞭打自己，甚至每天都在鞭打自己。

在諮商室裡，讓我非常心疼的一類來訪者是這樣的：雖然他們在自己所處的行業中是佼佼者，但是當坐在諮商室裡

時，他們總是會對我說，他們覺得自己如何糟糕、如何墮落、如何不行。他們總是害怕自己這件事做不好，那件事做不好。

如果我試著讓他們留意自己做得出色的地方或自身還不錯的部分，他們要麼笑著對我說：「嗯，其實你這樣鼓勵我，我還是很開心的。」因為他們覺得我是心理諮商師，所以我要說一些讓他們感受好的話。要麼他們就會覺得「啊，這樣就好啦？老師你要求也太低了！」對他們來說，90 分才是及格。在這種情況下，就很難累積自我價值感。

其實，當我向來訪者如實回饋我的感受時，比如對某位來訪者說「你不化妝也很好看」，這並不是想要否定來訪者對自己的評價，而是希望她留意：有沒有可能允許自己看見，她看待自己的感覺和我看待她的感覺都是真實的。在主體性上我們是兩個人，各自擁有主體感受，而且我和她的主體感受很可能不盡相同，有時差異還很大。

你需要意識到你對自己的消極評價只是眾多視角之一。

接納不同的看法，你才能夠在照鏡子的時候，雖然自己看自己覺得不化妝不好看，但是能想到「嗯，我的心理諮商

師好像覺得我不化妝還蠻好看的」。雖然你不一定認同心理諮商師的話，但是你能夠打開一個縫隙，意識到不同人的視角和審美是有差異的，「她說我好看，那是她的體驗，她沒有說假話，她是真的覺得我好看」。

我不是想說服你改變對自己的感覺，我是想邀請你看見，你對自己的感覺和我對你的感覺是不一樣的。如果一個人不能夠允許這兩種不同的感覺同時存在的話，那麼他人對他的那些好的感覺是沒法幫他充電的。

假如我誇讚了你，你會開心嗎？在低自尊的心理作用下，很多人在被他人誇讚後只能開心一下子，然後開心的感覺就轉瞬即逝了。

這是因為他們只能夠短暫地停留在「啊，原來他人覺得我還不錯」的感覺裡，隨後便很想把他們「覺得自己不夠好」的那種感覺消滅掉，但是他們很有可能做不到，因為他們的底層代碼就是這樣寫的，想要把底層代碼刪除是不容易實現的。

我們現在探討的是：你能否在允許自己的底層代碼存在

的同時，也讓那些能夠幫助你的人的程式碼寫進來。

如果想讓真實的自己和好的自己整合起來的話，你一定要走到這一步，一定要允許你對自己的評價和他人對你的評價共存。只有這樣，才能讓他人對我們的積極評價給我們持續的正面影響。

累積自我價值感的另一個層面是保持一顆平常心。

舉一個很真實的例子，比如我要寫這本書，剛開始的時候，我只有一些零散的想法，但是寫不出來。後來我意識到，不是我寫不出來，而是我覺得我寫出來的內容不夠好。後來我就嘗試了一種方法，不管內容好不好，每天一定要寫兩千字，或者把想要寫的內容用最粗淺的表達方式寫下來，或者至少要問自己幾個問題，讓自己明白想在這個小節裡面寫些什麼。

然後我就發現，隨著我每天寫一點，我的焦慮就下降了。第二天，順著前一天寫出的大綱，我又寫了兩千多字，雖然字數不多，但是我又感到放鬆一些。

我的放鬆幫助我更有效率地多寫一些文章。我甚至不需要多做什麼。就像我今天背十個單字，明天背十個單字，後

天背十個單字，我並不需要今天背十個單字，明天背十五個單字，後天背二十個單字……也像我彈吉他，雖然我每天只彈十到十五分鐘，但是我發現現在已經會彈很多歌曲了。

我一點也不糟糕　建立價值感，我值得更好，我也很好

練習 把自我照料當作重建自我價值感的第一步

你可能會問，自我照料與自我價值感有什麼關係？也許你從未考慮過自我照料對自我價值感的重要性，但它確實在自我價值感方面發揮著重要作用。

自我照料包括：（1）個人清潔；（2）健康飲食；（3）運動習慣等一系列日常活動。

這些日常活動可以幫助我們瞭解自己的身體感知和身體節奏——例如什麼時候容易餓，什麼時候容易感到疲倦，吃什麼食物能讓消化系統更舒服等等，使我們與身體建立一種和諧的親密關係，這種從身體感受出發的體驗，會慢慢影響我們的內在情緒感受。

關於個人清潔的一個有效經驗是，你應該盡量讓自己處在最舒服的狀態裡，這樣才會喜歡自己的樣子。個人清潔包括定期洗澡（當鬱悶得不想起床時，爬起來洗個熱水澡可能是很有幫助的事）、梳理頭髮、修剪指甲和保護牙齒等，任何你的身體部位需要得到的照顧都可以放在個人清潔維度。

你還可以在著裝方面有意識地考慮什麼樣的穿著會讓你感

到自我感覺良好。當你這樣做時，它往往會給你帶來額外的自信。

　　除了個人清潔，自我照料還包括兩個主要部分：健康飲食和運動習慣，也就是用更積極、更健康的習慣來照顧好自己的身體健康。營養豐富的、均衡的飲食，會給你更多能量，改善你的心情。經常鍛煉也有很多好處，包括幫助你看起來更有精氣神、感覺強壯及擁有更積極的態度。除了吃得好和保持鍛煉之外，你還需要密切關注自己的睡眠情況和壓力水準。

　　「自我照料評估表」可以幫助你嘗試觀察、記錄並思考可以怎樣學習、改善對自己的基本照料。特別是在「困難和挑戰」一欄裡可以仔細探索看看，外部和內部分別有哪些因素妨礙了你去做那些你的頭腦「知道」會給自己帶來好處的事情，列出 1～2 種方法來幫助自己。

　　你甚至可以把這張表貼在你書桌顯眼的地方，以讓自己隨時能夠留意到，並在自己感覺不好的時候提醒自己求助於更健康的方法和策略。

| 自我照顧 | 對現狀的評估 | 希望改善的部分 | 困難和挑戰 |
			外部／內部
個人清潔			
飲食習慣			
運動習慣			
睡眠情況			
其他任何 你想到的 重要內容			

自我照料評估表

9

療癒
原生家庭帶來的傷痛

「憑什麼」和「為什麼」：對哀悼的拒絕

　　曾奇峰老師常說「萬病源於未分化」。所謂未分化，就是我們潛意識裡忍不住要去療癒原生家庭，療癒父母，以為只有父母變好了，我們才能獲得改變。而分化則意味著我們要努力從原生家庭分離出來，療癒自己的傷痛。

所謂療癒自己，意味著你能夠理解和接受自己，接受幼時的你不能夠療癒父母的傷痛，這並不是你的錯。你小時候沒有辦法讓父母滿意，或是讓他們快樂，這並不是你的錯，是他們自己生命的痛苦影響了他們，與你無關。

　　你要允許自己身為一個孩子的能力是有限的。在你小時候，你需要得到父母的幫助，而當他們無法好好地幫助你時，為了避免「理想化父母」的形象破碎，你把錯攬到了自己身上。你可能會在心裡問自己，為什麼我有那麼多的需要？為什麼我有那麼多的願望？為什麼我給父母帶來麻煩？但這一切，並不是你的錯。

　　並不是你帶給父母麻煩，而是因為他們自身有各種各樣的創傷，他們無法處理自己生命中的痛苦。他們可能希望身為孩子的你能夠去照亮他們的人生。所以你很努力，你渴望看到父母為你驕傲的樣子，渴望透過讓自己成為他們期望中的孩子來讓他們高興。

　　但事實是，我們並不能夠療癒父母或我們的家庭。儘管如此，很多人也不允許自己得到療癒，認為自己過得更自在、

更快樂、更放鬆是背叛了父母和原生家庭。在父母的痛苦被療癒前，很多人是不允許自己得到自由的。

但這正是每一個人需要去哀悼的——儘管我們愛父母，但是他們生命中的那些傷痛，除了去理解，去為他們感到悲傷以外，我們並不能夠為此做更多。有很多心理學家都認同，長大成人的關鍵一步，就是放棄治療我們的父母。

當我們還是孩子時，常常會對於父母沒有為我們做更多感到失望，我們會覺得他們不完美。

我小時候經常覺得我的家庭對我很不公平，因為我是女孩，出生後不久就被送到了外婆家撫養，我總是忍不住懷疑父母更喜歡男孩——我哥哥。

過去很多年裡我始終都覺得，「如果我是一個男孩，是不是我就能夠得到更多的愛？」一方面，我對自己感到憤怒，會想「我為什麼是個女孩」，並且，我認為「我是個女孩，我讓父母失望了，這都是我的錯」。另一方面，我又覺得自己的父母很糟糕，別人的父母並不是這樣的。我拒絕原諒自己，也拒絕原諒父母。

很多人，或者說之前提及的那些有童年創傷的人，他們

都有類似的幻想，即「如果有一天我的父母變得不一樣，那該有多好。我的父母如果不一樣，那我也就不一樣了。」但實際上，這很可能是在拒絕哀悼童年的喪失，也就是你在拒絕長大，拒絕離開受傷的地方。

長大就意味著底層代碼已經寫完了，現在到了由你決定要不要為自己更新程式碼的時候。而這意味著，你要為自己內在的這個系統負責。雖然你過去是個孩子，你現在仍然有孩子氣的部分，但是你也有成年人的部分。

很多人經常感到不公平和憤怒：「這也不是我的錯，也不是我父母的錯，那我要對誰發脾氣呢？到底是誰的錯？為什麼我的命運是這樣的。為什麼我的朋友不是這樣的？你看我朋友，他父母幫他付了頭期款，讓他在大城市買了一間小房子。他現在有夠舒服的，還貸壓力也沒有很大，他在經濟上能夠自給自足，父母也不需要他出錢養老，他想出去玩就出去玩，也不需要像我這樣經常搬家，那這不就是我父母的錯嗎。」

實際上，追根究柢，或許是你的父母就沒有接受他們自己真實的樣子，因為他們不能夠接受自己真實的生活和自己

真實的樣子。所以他們希望你成功，他們希望在你身上能夠彌補他們對自己的遺憾。這讓你很憤怒，因為你覺得他們只是對你提出了要求，但是沒有提供任何的資源給你，讓你一個人孤軍奮戰。

而當你認同了父母理想化的期待時，你也覺得自己理想中的樣子就是要站在很高的位置，而你真實的樣子卻又離那個位置很遠，就會覺得實現理想很難。現在，父母的聲音可能早已內化成你自己的一部分，你在無意識裡已經完全認同了那種嚴厲苛刻的自我督促，而難以放鬆。但這正是我們要去完成的功課：接受局限，哀悼無法實現的願望，轉而去愛自己，治癒自己。

童年腳本：你在重複什麼

在我們成年以後的親密關係裡，我們很有可能會重複來自父母的童年腳本。

舉個例子，假設一位女性的爸爸常年工作在外不回家，在她小時候，爸爸總是在外面工作。那麼當她成年以後，她就很可能會在表面上說，我要找一個能夠陪伴我的男朋友，但是在無意識中，她選擇了一個很難留在家裡陪伴自己的男朋友，然後對他提出這樣的要求——你要經常在家陪我。她會複製那個舊的場景和腳本來試圖逆轉這個結局。

如果一位女性想找一個可以陪伴她的男朋友，從現實層面來講，她一開始就要觀察，首先他要有意願，不抗拒親密關係。其次他的工作狀況也能支持他做這件事。可是很有可能，她會一邊說「我要他陪伴我」，一邊找一個遠在其他城市的另一半，談遠距離戀愛，以至於無法獲得陪伴。

在意識層面，她想找一個陪伴自己的人；但在無意識層面，她會去重複自己原來熟悉的那個場景——爸爸經常不在家。

一方面，她渴望男朋友天天在家陪自己；另一方面，她又不知道怎麼跟一個天天都在家陪自己的男朋友相處，她沒有這種經驗，她很害怕，也不知道如何處理這種親密關係——因為她沒有見過父母每天在家相處的樣子，她熟悉的場景就是家庭中的男性角色不在家，總是媽媽在家裡跟女兒一起生活。

　　「男性角色每天都在家」是一個新的程式碼，她從來沒有處理過，也沒有人教過她，當她與一個如此親密的男性同住一個屋簷下時，她會對此感到不知所措。

　　意識層面我們可能都會想，「我不能重複父母的不幸婚姻」，但是在無意識層面我們都在本能地追求熟悉的模式。

　　至於你的底層代碼是怎麼寫的，你要看了才知道。

　　這就是為什麼很多來訪者會說「老師，我最近意識到我的生活好像一直在重複。我的第一個男朋友，當時就是有女朋友的，然後我後面交往的男朋友全都是有女朋友的。我好像就是對那些有女朋友的男人特別感興趣。但是我現在越來越覺得我想要瞭解自己，看看為什麼我會重複這些。」這就是她不瞭解自己的底層代碼，不瞭解她的童年腳本到底是什麼。

童年腳本，就像是收拾東西時突然從換季衣物口袋裡摸出的一百元，它早就放在那裡了，只是我們不知道而已。

擁抱內在小孩：成為自己

所謂哀悼，其實包含著對長大成人的期待。

當一個人會走路了，就面臨一種選擇：他是要走路，還是要放棄走路，回到父母的懷抱？

這種「會走了還想著被抱」的願望是我們內心深處保留下來的、嬰兒式的絕對依賴的願望（幻想），這種願望並沒有錯，並且終其一生會在我們的精神世界裡佔有一席之地。

我們總是會有這樣的願望（完美的父母會替我們解決掉各種麻煩），但它並不妨礙我們在現實世界裡為自己努力。我們需要學會分辨，什麼是我們的願望，什麼是我們的幻想，什麼是現實。

當一個人開始區分幻想和現實時，就走上了自我養育的道路，也就是為自己寫程式碼的道路，做自己的父母，做一個成年人，然後愛自己內在的那個小孩。

有人可能會說，「有時候我就是很累，我想有個人抱抱我。」我們在親密關係中，有時候會想跟好朋友或愛人撒嬌，

我一點也不糟糕　建立價值感，我值得更好，我也很好

「我今天就是不想做事，你幫我做一下。」其實這種依賴是可以被允許的，因為這種依賴是相對的，而不是絕對依賴。

很多時候，我會在與來訪者諮商的時候感受到，他們很害怕長大。這種恐懼來源於他們心裡以為如果他們身為一個成年人，就意味著他們不能撒嬌，不能獲取幫助、不能得到安慰、不能訴苦、不能發牢騷、不能吐槽……他們以為所謂的獨立就是不依賴任何人——我誰都不需要。

但不依賴任何人實際上被定義為一種假性獨立——這類人表面看起來是個成年人，什麼都能做。其實心裡面有個特別愛撒嬌、特別黏人的小孩，只是這個小孩被藏起來了，但是這個小孩一直在那裡敲門，他需要你把他放出來，一旦他被放出來，往往就會依附在親密關係中。

所以這類人，平時看起來好像孤家寡人，過得還不錯，一旦進入親密關係就不行了。要麼你很難靠近他們，要麼就是他們依靠你依靠到你感覺他們整個人要化掉了，好像「嘩」的一下就倒在你身上，完全依附於你。其實這是因為他們已經依靠著假性獨立的外殼撐很久了，已經快要撐不住了。

所謂「擁抱內在小孩，成為自己」就是說：一個人不需要活成一支隊伍，長大和獨立意味著他自己可以做一支隊伍的隊長。在這支隊伍裡，會有朋友，有同事，有伴侶，有父母，有心理諮商師，有教練等等。

在生活中，你其實需要很多人的支援，但是，你自己是隊長。如果你把這個位置讓出去了，那麼你就變成了被管理和被控制的那個人，你可能常常會感覺到自己被這個世界操控了，會很無力。這是因為你想「當小孩」的願望沒有被足夠地表達和適度地滿足（並且在無法做回小孩時沒有得到充分的哀悼），於是，你自己把自主權交出去了，當然，這是發生在無意識的過程中。

練習 **使用家譜樹，帶著成長故事勇敢出發**

由於各種各樣的原因，如缺少家庭內部交流，與家人常年聚少離多，甚至隨著時間的流逝，家人的記憶在消退，等等，我們對於自己的生命歷程及和整個家庭之間的聯繫是模糊的，我們可能有許多片段式的回憶，但很難把這一顆顆散亂的珍珠串成一條連續的項鍊。

試著繪製家譜樹，並嘗試搜集整理你的成長史和家庭史，這可以帶你踏上一段有趣的時光倒流之旅。嘗試用書信、電話或面談等方式與重要的家人溝通，並按照時間線獲取你的個人事件和家庭事件（盡情添加其他你想到的內容）。這個過程可以幫助你瞭解自己是誰。瞭解在你的不同年齡段，你的小世界（家庭內部）發生了什麼，外面的大世界發生了什麼，瞭解這些可以幫助你建立自己與外部世界之間的關聯。

▼家譜樹的範例：我的家庭樹

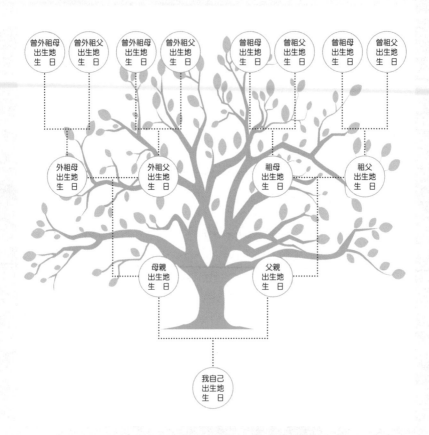

你會在這個過程中學到來自父母輩、祖父母輩甚至更多代的經驗與教訓——的確，並非所有你瞭解到的家庭事件都

是快樂幸福的。試著想像，你可以怎樣把這些經驗與教訓轉化為可以被自己利用的資源。這也是我們哀悼的過程，哀悼不完美的童年和不完美的父母，放下曾經沒能在養育者那裡被滿足的願望。只有充分地哀悼，我們才能「化悲傷為力氣」，帶著勇氣踏上一條不同於「童年腳本」的路。

　　一棵樹向上生長的力量，總是離不開向下紮根的深度，人類也一樣。學習和獲得家庭內部的資源，與祖先聯結，從中獲得營養，這對我們探索和發展更深層的個人身分及歸屬感有莫大的幫助。

時間線	個人事件和家庭事件	資訊來源和你的回憶
例如： 1985年 3月12日	我出生在×××醫院，當時媽媽是順產，爸爸因為出差沒能及時趕回來，第二天才到醫院見到我；陪同媽媽生產的人是外婆	資訊來源：媽媽 你的回憶（如果有）：……
1996年	我在那時……爸爸辭掉了工作開始做生意	同上
盡可能按時間線繼續梳理	回憶過去、訪談自己的主要養育者來收集你的成長經歷和家庭裡的重要事件，並記錄下來，例如：你是怎麼被養育的？是母乳餵養嗎？你從出生就跟父母一起生活嗎？你最早的記憶是什麼？在家人眼裡，你小時候是個怎樣的孩子？你小時候是個好帶的孩子嗎？你小時候身體狀況好嗎？容易生病嗎？除了以上問題，你還想到了哪些與你有關的重要回憶	對比看看，你自己的回憶與父母或其他養育者告訴你的故事版本一樣嗎？哪些地方有出入？你認為可能的原因是什麼？你對此有何理解和感受

利用家譜樹和表格整理出來的資訊，嘗試思考以下問題。

（1）小時候你的家裡最快樂的時刻是什麼時候？

（2）小時候你的家裡最難過的時刻是什麼時候？

（3）上述兩個時刻對你的影響是什麼？

（4）你和家裡的哪位長輩（包括父母）最親近，為什麼？

（5）你最親近的長輩的性格是什麼樣的，你和他哪些地方相似，哪些地方不相似？

（6）你的父母的婚姻關係如何，他們對待彼此的方式如何？你現在的親密關係與他們的相處模式相似嗎？

（7）嘗試總結你現在的人際交往模式，有哪些部分可能在「重複」你的童年腳本？

（8）假如可以改變資訊表裡的資訊或某個時間段的故事，你想怎麼改變？為什麼？

（9）如果要為你的「成長故事」取個名字，它叫什麼？

10

允許
自己不完美

接納倦怠感——休息，休息一下

在第一章我曾提到，如果「更好」比「真實」重要，那麼，建「做自己」的城堡就缺少了地基。但要是失去了更好的可能性，城堡也會死氣沉沉，一片灰暗。如何讓「真實的自己」和「更好的自己」結合起來，將是我們改善和增強內在價值感、

修復自尊系統的一個非常重要的基礎。

我們常常會有一種感受，制訂了讀書計畫，今天學了兩小時，明天學了兩小時，後天可能就想休息一下。然而，我常常會聽到來訪者對想休息感到焦慮。同樣，對持續健身的人來說，如果他們這一週沒有健身，他們可能就會非常焦慮。

第一，是因為他們健身計畫的格子裡缺了一個，讓他們覺得不完美。第二，則是破壞了他們內心的秩序感，他們很擔心自己苦心經營起來的這座大廈（內心的秩序感）會崩塌。

其實，休息是為了走得更遠，我們要允許自己偶爾躺平，才不會真正地進入到擺爛狀態。但當很多人在說想要躺平或擺爛時，其實是他們站得太久了，沒有得到足夠的休息。

接納倦怠感是非常重要的。倦怠感是每個人都有的、真實的一部分，即使是我們再喜歡做的事情，有天也會覺得「好煩，不想做」。一個再愛孩子的媽媽，當她很累，很辛苦時，也會覺得「我當時是怎麼失心瘋了，要生個孩子」。再親密的伴侶，在很憤怒的時候，也會想著「不過了，日子過不下去了」。

我們要允許生命的狀態是一條曲線，就像在體檢中做心電圖，它永遠都是上上下下的。如果心電圖是一條直線，反而意味著生命的靜止和消逝。死亡意味著不會有變化了，而活著就代表有變化，代表有高有低，代表有能量充足的時候，也有能量比較低的時候。它在提醒我們：你需要充電，需要休息了。所以，接納倦怠感的人，才會有持續的力量走得更遠。

　　這個休息可以是一天中的下午茶，也可以是漫長人生中的一個間隔年（gap year）。我有時候會聽到一些來訪者表示「我現在都三十歲了，我要是不能在三十五歲的時候晉升到某一個職位，我就沒有這種可能了。」但實際上，你只要還活著，就有機會做任何你想做的事情。

　　我發現身邊有很多朋友都很容易對「休息」感到內疚，在他們的字典裡，休息等於浪費時間。他們內心有一種幻想：如果我工作更久、更辛苦，我就會取得更多成就。這種幻想的背後往往有一種恐懼：如果我允許自己休息，我就永遠不會有成就了。然而實際情況是，過度工作帶來的疲乏會降低工作效率，而休息和放鬆會使工作效率更高。

　　允許自己得到充分休息的一個前提是我們要把休息和工

　　我一點也不糟糕　建立價值感，我值得更好，我也很好

作放在一個平等的位置上，休息不等於偷懶，休息與飲食、睡眠一樣是人類的基本需求。休息是我們讓自己在「撐不住而崩潰」之前先暫停一下。

如果你發現自己在工作時總是難以集中注意力，試著把「休息」光明正大地放進你的日程表裡，讓自己擁有穩定的、週期性的休息時間。

其實，你忙碌是一種力量，你休息也是一種力量；你做得好是一種力量，你停下來也是一種力量；你成功了是一種力量，你犯錯了也是一種力量。只要你沒有停止喜歡自己和愛自己，在你身上所發生的一切都可以變成你的力量來源。

成為完整的自己

在接納倦怠感的同時，我們也要接納「成長是辛苦的，但你不必痛苦」。

辛苦和痛苦之間是有區別的。工作狂或總是在行動的人常常會聽到這樣的話，「哎呀，你這麼辛苦搞這個東西好自虐呀」。但我認為即使是在「受虐」這件事上，也有成熟和不成熟的區別。

生命的辛苦是什麼？舉個例子，我在參加母嬰觀察項目時，發現嬰兒在換尿布的時候會一直哭，即使育嬰師已經正確識別出了他要換尿布的需求，並且已經開始處理了，拆尿布、擦屁屁、換上新的尿布……一系列動作進行得非常溫柔和專業。但是嬰兒依然會不停大哭，育嬰師會一邊幫他換尿布，一邊說「寶貝，沒事啊，我們馬上就換好了」。直到換好之後，育嬰師把他抱起來靠在自己肩頭，有節奏地搖擺並發出安慰的哼唱，嬰兒才最終慢慢停止哭泣。

這個過程很具體地令我感受到，一個人從不舒服到舒服

的轉變過程，是需要一些時間的。

生命的辛苦就是你發現水槽裡的碗今天洗完了，明天還有。洗衣機裡面的衣服這週洗完了，下週還有。你房間裡的灰塵每一天都在增加——儘管一開始並不明顯，你不得不擦了又擦，這個過程不會停止，它就像呼吸，或者排泄，是人類新陳代謝的一部分，也是我們還活著的證據，只要有呼吸，這個代謝、轉化的過程就不可避免。

有時，如果我們想要去避免生命的辛苦，反而就會進入一個更困難的境地，一方面，生命的辛苦不會消失。另一方面，我們又多了另外一種痛苦，即我想要消滅這種辛苦，卻消滅不掉所帶來的一種痛苦。這個痛苦不就是我們自己製造出來的嗎？

如果你接受了換尿布的過程就是會不舒服，你過一會兒就會舒服了；如果你接受了你牙痛要去看牙醫，就是需要忍受一會兒那種痛感或不適，過一會兒你就不牙痛了；如果你接受了練琴的過程是會有點煩躁的，再過兩週你就會體驗到那種學有所成的滿足感和成就感。

反之，如果你不想承受不舒服的感覺呢？兩週以後，你既不會彈琴，還會覺得自己很糟糕。不僅牙還在痛，同時還會埋怨自己為什麼這麼膽小，連看個牙都不敢。

　　所以我們需要區分，<mark>做真實的自己不是痛苦，而是辛苦，痛苦可以避免，但辛苦不可以避免</mark>。所以成為完整的自己，也意味著讓真實的自己和更好的自己相遇，以及心甘情願地接納生活中的辛苦和快樂，接納「好」與「壞」是並存的。

　　寫到這裡，我想起美國作家托尼・羅賓斯（Tony Robbins）在之前的採訪中說，「在某些時候，成功變得很容易，但為了真正的成長，我們需要將我們的重點從成功轉向欣賞。」如果沒有發自內心的自我欣賞，那些想要成為更好的自己的願望恰恰會成為阻礙願望達成的障礙。

　　成為「更好的自己」，首先要認識到我們都是真實的人，自然的人。人會犯錯，人會自相矛盾，人會改變主意。沒有人能夠長生不老（我知道這很老套），也沒有人有辦法擺脫伴隨人類經驗而來的任何情緒：焦慮、憤怒、恐懼——它們永遠不會消失。

　　如果我們幸運的話，我們會找到更好的方法來處理它們。

正如無數比我聰明的人所指出的那樣，困難的情緒／情感／情況可以是極好的學習機會。如果不出意外的話，它們是生活的一部分——而且永遠都是。

練習 **與植物交朋友，悅納生命的完整**

當你看著陽臺上的一棵琴葉榕或一盆常春藤時，你的感覺如何？你感到平靜還是充滿喜悅？我常常在工作間隙給我養的植物們修剪，澆水，或只是靜靜凝視它們。有許多科學實踐證明，植物是有治癒作用的，與植物的互動，跟與大自然相處一樣，對於我們想要保持的幸福感至關重要。這也許是為什麼通常我們會在病房裡擺放鮮花或植栽。

更重要的是，親手栽種植物和培育它的過程，實質上是我們在與一個生命建立深度親密關係的過程。在擁有植物的環境裡，我們通常容易感到更快樂和更樂觀。植物很容易喚起我們積極的情緒，綠色很容易讓我們聯想到活力、生機及孕育。

照顧植物的過程需要一定的體力勞動，如鬆土、澆水、施肥、修剪等，體力勞動會讓大腦釋放讓我們感覺良好的化學物質，如血清素和多巴胺。

為了觀察一顆種子發芽的過程，我們不得不學習與時間相處，也許得耐心耗上一週，這有助於增強注意力，與此同時，

我一點也不糟糕　建立價值感，我值得更好，我也很好

我們得接受時間法則之一「等待」。當我們終於觀察並看到一顆嫩芽破土而出時，其實也會觀察到一種轉變。這種轉變的發生需要我們主動觀察、瞭解植物的特性、給予植物適當的陽光和水，以及時間。植物新手最容易失敗的原因往往是過於著急而不斷地把幼苗拔出來確認，或者誤以為沒希望了就把它扔進垃圾桶。

　　植物都有屬於自己的生命週期，例如，從冬季十二月開始是月季的休眠期，也是影響它下一年生長最重要的養護期。這時，我們還需要適當修剪並檢查它的生長環境，如花盆大小、肥料是不是足夠等。等到春天來臨，月季逐步甦醒，我們開始專注於日常護理和除病害等，好讓它隨著春天一同復甦生長。為了讓它在初夏開花時營養均衡，我們還得修剪掉一些枝葉和花苞，好讓營養集中輸送給剩餘的枝條和花苞。

　　一季花開，我們付出的是四季的辛苦和不厭其煩。在生態心理學中，鼓勵我們經由對生態的悲傷和哀悼去觀照我們對人世的悲傷和哀悼，花開花落，葉盛葉枯，四季更迭，本是生命的完整，悅納生命的完整讓不同形態、不同階段連貫起來。

花開時雀躍讚賞，花落時積蓄力量，就像我們自己，從兒童到成人的轉變，需要好奇心，需要理解，需要適當的照料，需要耐心的等待轉變像一片葉子、一個花苞一樣一點點發生，直至枝繁葉茂。

　　你可能也會體驗到，無論你是什麼樣子，無論你是焦慮憂鬱，還是春風得意，這都是你的一部分，你都可以選擇成為自我養育者，為這個完整的「你」投入愛和關注。

　　接下來，開始你的植物觀察日記吧，在記錄的過程中思考自己的情緒、感受和想法，過一段時間以後回來看看，這些情緒、感受和想法發生變化了嗎？怎麼發生的？你喜歡這些變化嗎？

　　在思考和練習的最後，我想對你說的是：這些思考和練習並不容易，它們不是考核指標或任務。在做的過程中如果你感到困難、煩躁、無法完成，這都很正常，與我們的內在深度聯結的嘗試是需要時間和適當的支援的——就像植物的生長需要陽光和水一樣。

　　在深度思考的過程中，我們往往會發現一些過去未曾留

　　　　　　　　我一點也不糟糕　　建立價值感，我值得更好，我也很好

意的內在情感，如委屈、憤怒、不甘心等，很可能這是你需要更多支援、安慰、疏導和理解的訊號，傾聽這些信號，並予以回應，適時向你的支援系統（如朋友、家人、伴侶、心理諮商師等）尋求幫助，這是思考和練習的最大價值所在，無論外在行動如何，對應到內在總是關乎於我們怎麼看待、對待和愛護自己。

▼植物觀察日記

記錄	季節	觀察	行動	思考
植物名稱				為什麼選擇這種植物？有什麼聯想
栽種日期				你是在什麼時間栽種的
獲得方式				你是如何獲得該植物的
第一週				等待的感覺怎麼樣？有沒有讓你想到什麼
第二週				觀察植物的時候，你會忍不住要澆水嗎？你對植物的特性已經瞭解了嗎？它的狀態和你在書本上學到的有何不同
第三週				……
第四週				……
……				……

寫完最後一個段落，我鬆了口氣。

回顧本書的時間線：從二〇二二年一月開始和企劃編輯聊選題，到二〇二二年六月選題正式通過，再到正式出版。這個過程幾乎讓我體驗了一遍我在書裡試圖探討的議題：成為更好的自己需要學習，學習與我們與生俱來的天性聯結，去愛我們內在小孩的天真、熱烈、自在、冒險，並把這股能量和我們的組織計劃性、持續行動力、耐力及韌性整合在一起，才有可能去創造和實現夢想。

我要向企劃編輯黃文嬌老師致以最真摯的感謝，在我寫作的過程中，她和我之間坦誠的分享、專業的討論，讓我體會到，一個人只有在被接納的時候，才會有足夠的力量追求「更好的自己」。

我想感謝我的好朋友嚴藝家老師，是她的鼓勵和引薦，使本書的出版成為可能；我還想感謝我的家人和朋友們，在寫作的過程中，他們給了我難以置信的鼓勵與支持。在寫作

的過程中，雖然辛苦，但既充實又快樂。

最後，我想感謝我的來訪者，感謝他們給予我信任，讓我有幸聆聽他們的故事，見證他們選擇走上這條充滿荊棘和歡愉的自尊重建之路所展現出來的勇氣、決心和投入，提醒我保有對這份職業的敬畏和對生命的感恩。

自我價值感就像《射雕英雄傳》中黃蓉的父親送給她的軟蝟甲，時刻保護她的內在安全，因此在行俠仗義時她十分勇敢。我想說的是，假如你沒有這樣的父親，你依然可以依賴朋友、同事，自己打造屬於自己的軟蝟甲，在成為「更好的自己」的道路上為你保駕護航。

我也希望本書能成為你的軟蝟甲。

優生活 245

我一點也不糟糕：
建立價值感，我值得更好，我也很好

作　　　者—— 瞿小栗
副 主 編—— 朱晏瑭
封面設計—— 李佳隆
內文設計—— 林曉涵
校　　　對—— 朱晏瑭
行銷企劃—— 蔡雨庭

總 編 輯—— 梁芳春
董 事 長—— 趙政岷
出 版 者—— 時報文化出版企業股份有限公司
　　　　　　108019 臺北市和平西路 3 段 240 號
　　　　　　發 行 專 線—(02)23066842
　　　　　　讀者服務專線—0800-231705、(02)2304-7103
　　　　　　讀者服務傳真—(02)2304-6858
　　　　　　郵　　　撥— 19344724 時報文化出版公司
　　　　　　信　　　箱— 10899 臺北華江橋郵局第 99 信箱
時 報 悅 讀 網—— www.readingtimes.com.tw
電 子 郵 件 信 箱—— yoho@readingtimes.com.tw

法律顧問—— 理律法律事務所 陳長文律師、李念祖律師
印　　　刷—— 勁達印刷有限公司
初版一刷—— 2024 年 2 月 2 日

定　　　價—— 新臺幣 350 元
（缺頁或破損的書，請寄回更換）

時報文化出版公司成立於 1975 年，並於 1999 年股票上櫃
公開發行，於 2008 年脫離中時集團非屬旺中，以「尊重智
慧與創意的文化事業」為信念。

ISBN 978-626-374-909-2　　Printed in Taiwan

我一點也不糟糕：建立價值感,我值得更好,我也很
好/瞿小栗作. -- 初版. -- 臺北市：時報文化出版
企業股份有限公司, 2024.02
面；　公分

ISBN 978-626-374-909-2(平裝)

1.CST: 自我實現 2.CST: 自尊

177.2　　　　　　　　　　　　　113000761